VEGAN VOM GRILL

·VEGAN· VOM GRILL

KATY BESKOW

Fotos von
Luke Albert

Ins Deutsche übertragen
von Manuela Schomann

ARS VIVENDI

Publishing Director
Sarah Lavelle

Commissioning Editor
Harriet Webster

Copy Editor
Clare Sayer

Art Direction & Design
Emily Lapworth

Photographer
Luke Albert

Food Stylist
Tamara Vos

Prop Stylist
Louie Waller

Make-up Artist
Dani Hooker

Head of Production
Stephen Lang

Production Controller
Nikolaus Ginelli

Deutsche Erstausgabe

1. Auflage 2023

Deutsche Übersetzung: Manuela Schomann
Lektorat: Julia Christ
Einband und Satz: Sandra Frick, lomyli-design.de

Printed in China
ISBN 978-3-7472-0454-2

Titel der Originalausgabe: Vegan BBQ

First published in 2022 by Quadrille, an imprint of Hardie Grant Publishing

Quadrille
52–54 Southwark Street
London SE1 1UN
quadrille.com

 Cataloguing in Publication Data: a catalogue record for this book is available from the British Library.

Einführung 7

So verwendet ihr dieses Buch 10

Das Barbecue 13

Der Brennstoff 14

Temperaturen 16

Grillzubehör 19

Euer Einkaufswagen fürs Barbecue 20

Vegane Barbecue-Menüs 24

VOM GRILL 28

BARBECUE-BEILAGEN 68

SALATE & EXTRAS 104

SÜSSE VERFÜHRUNGEN 130

Register 152

Danksagung 158

EINFÜHRUNG

»Was essen Veganer, wenn gegrillt wird?« Während meiner bisher fünfzehn Jahre als Veganerin wurde mir diese Frage unzählige Male gestellt. Bei Barbecue und Grillen denkt man traditionell an die Zubereitung von Fleisch, und abgesehen von ein paar schlichten Gemüsespießen oder Maiskolben war die Auswahl bisher ziemlich überschaubar. Doch in Wahrheit umfasst das Grillen eine Reihe von Gartechniken, bei denen viele Gemüsesorten und pflanzliche Nahrungsmittel zur Höchstform auflaufen!

Wenn ihr euch von der Idee verabschiedet, dass Grillen und Fleisch (oder Fertiggerichte aus Fleischalternativen) untrennbar zusammengehören, steht euch eine neue Welt offen. Die Zutaten werden auf dem Grill wie verwandelt; die Räucheraromen und die knusprige, aber dennoch zarte Konsistenz wecken eure Sinne. Ich bin fest davon überzeugt, dass gegrillte Gerichte grundsätzlich besser schmecken – ihr könnt also kreativ werden! Mit frischen, nachhaltig produzierten und saisonalen Zutaten, die überall im Supermarkt erhältlich sind, lassen sich völlig unkompliziert hervorragende Gerichte zaubern – ob nun einfache Abendessen zu zweit oder ein Festmahl für Freunde und Familie.

Es macht richtig Spaß, seine Lieben bei einem Barbecue zu bewirten. Anstatt in der engen Küche vor euch hin zu arbeiten, genießt ihr draußen beim Brutzeln die Gesellschaft, gönnt euch einen kühlen Drink und sammelt, hoffentlich sogar bei strahlendem Sonnenschein, unzählige Erinnerungen. In diesem Rahmen lässt sich veganes Essen auch wunderbar in entspannter Atmosphäre präsentieren. Holt eure Barbecueausrüstung aber nicht nur einmal pro Jahr heraus, um vegane Burger und pflanzliche Würste zu grillen, sondern nutzt sie regelmäßig, um auch ohne besonderen Anlass einfach das Abendessen darauf zuzubereiten.

Kochen fühlt sich manchmal nach Pflichtveranstaltung an. Woche für Woche wiederkehrende Mahlzeiten können dazu führen, dass einem (ja, sogar mir als Food-Autorin) die Ideen ausgehen. Dann solltet ihr den leicht angestaubten Grill hervorholen, (wortwörtlich) das Feuer entzünden, draußen kochen und die Zutaten mit Aromen verfeinern, die bei keiner anderen Zubereitungsart entstehen. Grillen ist nicht nur für diese wundervollen Treffen im Sommer geeignet, sondern kann das ganze Jahr über betrieben werden, solange ihr die Regentage auslasst. Zieht euch an einem kühlen Herbst- oder Wintertag (oder -abend) einfach eure Mütze und eine warme Jacke über, feuert den Grill an und lasst euch von saisonalen Zutaten inspirieren.

Es gibt so viele köstliche Möglichkeiten fürs Grillen mit pflanzlichen Nahrungsmitteln, ob ihr nun Veganer oder Vegetarier seid oder einfach nur Lust auf frische Gerichte habt. Ihr entscheidet euch nicht nur für nachhaltige, saisonale Produkte, die auch noch das Tierwohl berücksichtigen, sondern betretet eine Welt neuer Aromen. Beim Grillen veganer Gerichte müsst ihr euch zudem wesentlich weniger um die Lebensmittelsicherheit sorgen als bei der Zubereitung tierischer Produkte. Wer noch nicht viel Erfahrung mit Barbecues hat, muss sich folglich auch keine Gedanken machen, ob er oder sie Freunden und Familie vielleicht gerade halb rohes Fleisch serviert hat.

Ich habe einige hilfreiche Tipps und Tricks für euch zusammengestellt, falls ihr mit dem Grillen und den nötigen Vorbereitungen noch nicht vertraut seid: Es geht um verschiedene Grills, um die Wahl der Holzkohle und ums richtige Anfeuern. Und ich erkläre euch das nötige Zubehör und wie ihr leicht feststellen könnt, ob der Grill schon heiß genug (oder bereits zu heiß) ist. Dies alles ist viel einfacher, als ihr euch vielleicht vorstellt – versprochen! Ihr findet Einkaufstipps für meine Lieblingszutaten und bei jedem Rezept steht ein »Heißer Tipp«, mit dem ihr das Beste aus den Zutaten herausholt. Die meisten Gerichte werden direkt auf dem Grill zubereitet, aber ich habe auch einige ergänzende ausgewählt, die in der Küche entstehen. Die Rezepte sind so einfach wie möglich gehalten, damit ihr mehr Zeit fürs Essen habt.

Viel Spaß beim Outdoor-Kochen, ob auf eurem kleinen Balkon, auf der Terrasse oder vielleicht sogar am Strand – im Freien zu grillen, den Duft von Rauch in der Nase, das sanfte Brutzeln im Ohr, ist wirklich aufregend.

SO VERWENDET IHR DIESES BUCH

Barbecue-Basics könnt ihr auf diesen einleitenden Seiten auffrischen oder neu lernen. Ihr erfahrt,

- wie ihr den richtigen Grill auswählt,
- welche Holzkohle man am besten verwendet,
- wie ihr erfolgreich den Grill anfeuert,
- welche Temperaturen euer Grill entwickelt und wie ihr sie erkennt,
- welches Zubehör fürs Outdoor-Kochen sinnvoll ist,
- welche Zutaten ihr für veganes Barbecue benötigt.

Ich habe zehn Menüs aus sich gut ergänzenden Gerichten zusammengestellt, je nach Anlass und Saison. Ihr könnt eure Lieblingsrezepte kombinieren oder einem der zeitsparenden Menüpläne folgen.

Dieses Buch umfasst vier Kapitel mit Rezepten:

VOM GRILL

Aus diesem Kapitel wählt ihr eure Hauptgerichte für den Grill aus, die in der Küche vorbereitet werden (was sich gut im Voraus machen lässt). Haltet euch an die Temperaturangaben, dann kann eigentlich nichts passieren. Von Pilzwürsten »Masala« (siehe S. 64) bis zu Rauchiger Paella mit Riesenbohnen und Oliven (siehe S. 36) – da ist für alle etwas dabei!

BARBECUE-BEILAGEN

Entdeckt eure Lieblingsbeilagen als Begleitung zum Hauptevent oder bereitet nur ein oder zwei dieser Rezepte zu, wenn es euch nach etwas Leichterem zumute ist. Köstliche Gerichte, die ihr als Vorspeise servieren könnt, oder klassische Barbecue-Beilagen sorgen für Vielfalt auf dem Teller.

Die meisten Rezepte hier sind für den Grill, doch einige Speisen werden in der Küche zubereitet (siehe Hinweis *»Aus der Küche«)*.

SALATE & EXTRAS

Was wäre ein Barbecue ohne knackige Salate, frische Dips und würzige Saucen? Diese Rezepte ergänzen die Hauptgerichte und Beilagen. Einige werden auf dem Grill gegart, den Rest bereitet ihr fix in der Küche zu (praktischerweise mit dem Hinweis *»Aus der Küche«* versehen).

SÜSSE VERFÜHRUNGEN

Lasst euch von einem (oder zwei) süßen Leckerbissen aus diesem Kapitel verführen. Ihr könnt Gerichte vom Grill wählen oder in der Küche zubereitete Köstlichkeiten servieren, die Zeit sparen und das Barbecue zuckersüß abrunden – vom Barbecue Banoffee Pie (siehe S. 132) bis zur Sangria (siehe S. 148).

DAS BARBECUE

HOLZKOHLE-GRILLS

Aus folgenden Gründen würde ich mich jederzeit wieder für einen Holzkohlegrill entscheiden:

- außergewöhnliches, einzigartiges Aroma, das in das Gericht »einzieht«
- Vielfältigkeit der Garmethoden
- günstigerer Preis
- besondere Verbindung mit den Gerichten: Ihr entwickelt Selbstvertrauen und Geschick.

Fürs Grillen mit Holzkohle braucht es ein wenig Übung. Ihr müsst etwas Geduld aufbringen, um die perfekte Grilltemperatur über längere Zeit beizubehalten. Doch das Warten lohnt sich – das Resultat ist unvergleichlich. Holzkohlegrills gibt es in unterschiedlichsten Größen, so passen sie in jede Ecke und lassen sich gut verstauen. Wer Wert auf optimale Ergebnisse legt, sollte einen Holzkohlegrill mit Deckel wählen. Auf diese Weise lässt sich die Temperatur besser kontrollieren und der Grill wird zum »Outdoor-Backofen«, in dem die Hitze zirkuliert und die Speisen garen. Dies ist besonders nützlich, wenn man zum Beispiel Wurzelgemüse garen möchte, wofür man niedrige Temperaturen benötigt. Manche Holzkohlegrills haben Lüftungsschieber, mit denen sich die Intensität der Temperatur steuern lässt: Bei geöffneten Schiebern wird der Grill heißer, bei geschlossenen gelangt weniger Sauerstoff an die Holzkohle, die dadurch langsamer und länger bei niedriger Hitze brennt. Simple, günstige Holzkohlegrills eignen sich für viele einfache Rezepte.

Von Wegwerfgrills lasst ihr besser die Finger: Sie bestehen aus großen Mengen nicht-recycelbarer Materialien, die auf der Mülldeponie landen. Auch schlechte Holzkohle und Anzünder, die das Aroma eures Essens verderben, solltet ihr links liegen lassen. Ich empfehle euch, stattdessen einen kleinen, tragbaren Holzkohlegrill zu kaufen, der sich reinigen und wiederverwenden lässt. Danach könnt ihr eure Holzkohle nach Qualität und Nachhaltigkeit auswählen. Einen solchen kleineren Grill verwende ich häufig: Er ist groß genug, um genau die Mengen zu grillen, die ich für eine Mahlzeit brauche, ohne dass ich nochmals Kohle nachlegen muss.

GASGRILLS

Gasgrills sind oft größer und teurer und bieten im Vergleich zu Holzkohlegrills weniger Garmöglichkeiten. Obwohl es natürlich verführerisch ist, sich einen Gasgrill mit sämtlichem Schnickschnack zuzulegen, solltet ihr doch wissen, dass Gas eine niedrigere Brenntemperatur als Holzkohle hat, sodass es schwieriger ist, das herrliche Raucharoma und die zarte Konsistenz der Speisen zu produzieren. Allerdings könnt ihr mit dem Grillen auch schneller loslegen, und die Temperatur lässt sich besser regulieren. Zudem passt meist mehr Essen auf den Rost, der oft auch leichter zu reinigen ist.

DER BRENNSTOFF

Die Wahl der Holzkohle wirkt sich auf die Wärmeintensität, die Brenndauer und das Aroma aus. Aber ihr werdet feststellen, dass die Entscheidung für eine Sorte von persönlichen Vorlieben und von der Verfügbarkeit bestimmt wird. Nehmt möglichst keine »Schnellzünder«-Kohle oder -Briketts, da sie Chemikalien enthalten, die den Geschmack eures Essens ruinieren.

HOLZKOHLE-STÜCKE

Achtet bei Holzkohle auf gute Qualität und darauf, dass das Holz aus heimischen Beständen kommt. Ich verwende sie, da sie den Gerichten ein uriges Holzraucharoma verleiht! Holzkohlestücke erreichen schnell und einfach eine hohe Temperatur. Sie brennen bei allmählich sinkender Temperatur insgesamt etwa 1 Stunde, sodass ihr reichlich Zeit habt, um verschiedene Gerichte bei unterschiedlicher Hitze zuzubereiten. Falls ihr über längere Zeit höhere Temperaturen benötigt, müsst ihr Kohle nachlegen und durchglühen lassen. Dafür braucht man ein wenig Geduld.

HOLZKOHLE-BRIKETTS

Holzkohlebriketts sind recht beliebt, da sie überall erhältlich sind. Sie eignen sich für Grillanfänger, da sie eher bei gleichbleibender Temperatur und über längere Zeit brennen als Holzkohlestücke und nicht so schnell abkühlen. Sie bestehen meistens aus gepresstem Holzkohlestaub, dem oft Zusatzstoffe beigemengt wurden. Diese Grillbriketts sind eine tolle Sache, wenn man eine konstante und länger anhaltende Hitze benötigt, besonders wenn man für viele Leute grillt und nicht mittendrin Kohle nachlegen möchte.

NATÜRLICHE GRILL-ANZÜNDER

Jeder hat so seine Lieblingsmethode, wenn es ums Anfeuern des Grills geht. Ich verwende am liebsten natürliche Grillanzünderwürfel, die aus gepresstem Holz bestehen und die Flammen zum Entzünden der Holzkohle erzeugen. Es gibt unzählige Marken und Sorten von Grillanzündern: Nehmt einfach eine Variante ohne Zusätze und Feuerzeugbenzin, damit der Geschmack der Speisen nicht durch völlig unnötige Chemikalien verdorben wird.

HEISSER TIPP

Noch aromatischer wird es, wenn ihr ein Bündel frischer holziger Kräuter (wie Thymian, Rosmarin und Salbei) 15 Minuten in Wasser legt und dann vor dem Grillen auf der heißen Glut platziert. Ihr könnt zusammen mit der glühenden Kohle weitere Holzarten verbrennen, zum Beispiel aromatisches Hickory- und Eichenholz oder aber das mildere Apfel- oder Buchenholz.

SO ENTFACHT IHR DAS GRILLFEUER

Wenn ihr euch an folgende Schritte haltet, gelingt das Anfeuern des Grills im Nu.

1. RECHTZEITIG ANFANGEN

Es dauert etwa 20– 35 Minuten, bis die Holzkohle die perfekte Temperatur zum heißen, direkten Grillen erreicht hat. Ihr solltet den Grill deshalb rechtzeitig anfeuern. Lest euch zuerst die Rezepte durch und plant, wie lange die Vorbereitung in der Küche dauert. Macht euch eine Aufstellung über die Grillreihenfolge mit der jeweiligen Temperaturangabe.

2. SICHERHEIT

Stellt euren Grill an einem freien Platz auf, nicht unter herabhängenden Zweigen. Haltet Abstand zu Holzzäunen. Überprüft, ob der Grill auf einer ebenen Fläche steht und nicht wackelt. Sorgt dafür, dass Kinder und tierische Mitbewohner einen Sicherheitsabstand einhalten, damit es nicht zu Unfällen und Verletzungen kommt. Legt euch hitzebeständige Ofenhandschuhe und eine Feuerlöschdecke zurecht, die den Grill komplett abdeckt – so seid ihr für den Notfall gerüstet.

3. WAHL DER HOLZKOHLE

Wählt eure Holzkohle (Stücke oder Briketts) aus und überlegt euch, wie viel ihr braucht. Dies variiert je nach Form und Größe (in den Herstellerangaben findet ihr die jeweiligen Richtlinien). Denkt daran, dass größere Mengen an Holzkohle auch mehr Hitze erzeugen, da sie näher am Grillrost sind.

4. ANFEUERN

Ein Anzündkamin lässt sich leicht handhaben und ist sein Geld wert. Mit diesem Equipment geht das Anfeuern des Grills wesentlich einfacher (und schneller). Dazu schaufelt ihr die Holzkohle in den Anzündkamin, der einem hohen Metallzylinder gleicht, und zündet 2–4 natürliche Grillanzünder auf dem Bodenrost eures Grills an. Stellt dann den Kamin aufrecht über die brennenden Anzünder, sodass sich die Holzkohle entzünden kann (der Kamin saugt den Sauerstoff durch die Unterseite des Zylinders). Sobald die oberen Kohlen von grauer Asche bedeckt sind (nach ca. 10–15 Minuten), schüttet ihr vorsichtig alle Holzkohlestücke in den Grill und verteilt sie so, wie es das Rezept verlangt. Wer keinen Anzündkamin hat, häuft die Holzkohle auf dem Kohlerost auf und steckt 4–5 natürliche Grillanzünder hinein, die anschließend angezündet werden. Dann wartet man ab, bis die Flammen nachlassen und die Holzkohle von grauer Asche überzogen ist (ca. 20–30 Minuten). Zuletzt wird die Holzkohle nach Rezeptangabe verteilt.

5. GRILLROST PLATZIEREN

Nun könnt ihr vorsichtig den Grillrost über der heißen Glut platzieren und die Holzkohle weitere 10–15 Minuten durchglühen lassen. Wenn man Essen auf den heißen Grill legt, sollte es zischen.

TEMPERATUREN

Mit diesen Methoden zur Temperaturkontrolle könnt ihr beurteilen, wann die Glut genau richtig zum Grillen ist. Am besten verlässt man sich auf seine Sinne und seinen Instinkt. So erkennt ihr auch, wie und wann man mit niedrigeren Temperaturen arbeitet.

WORAN ERKENNE ICH, WIE HEISS MEIN GRILL IST?

Achtet auf die Farbveränderungen der Glut: Glühende weiße Asche und ein leuchtend roter Kern zeugen von hoher Temperatur. Jedes Stadium dauert etwa 10–12 Minuten (falls ihr keine zusätzliche Holzkohle nachlegt), aber Faktoren wie Lüftungsschieber am Grill, Wetter und Umgebungstemperatur können diesen Zeitraum beeinflussen.

Sichtbare Flammen und überwiegend schwarze oder graue Holzkohle

Wartet, bis die Flammen erlöschen. Habt Geduld – das Warten lohnt sich.

Weiß glühende Holzkohle mit kräftig leuchtendem roten Kern

Starke Hitze: Ihr könnt eure Hand problemlos 1–2 Sekunden in einem Abstand von 5 cm über den Grill halten.

Holzkohle mit weißer Ascheschicht und sanft glühendem roten Kern

Mittlere Hitze: Ihr könnt eure Hand problemlos 3–4 Sekunden in einem Abstand von 5 cm über den Grill halten.

Gelbbräunliche Holzkohle ohne rote Glut

Schwache Hitze: Ihr könnt eure Hand problemlos 5–6 Sekunden in einem Abstand von 5 cm über den Grill halten.

DIREKTE HITZE

Die traditionelle Grillmethode mit einer gleichmäßigen Schicht an glühender Holzkohle: Direkte Hitze ist anfangs sehr heiß und kühlt im Laufe der Zeit gleichmäßig ab. Sie eignet sich perfekt zum schnellen Anbraten, sodass das Innere der Speisen noch saftig bleibt – ideal für Nahrungsmittel, die durchs Anrösten besonders aromatisch schmecken, wie Teriyaki-Tofu mit grünem Grillgemüse (siehe S. 33) und Fruchtige Bruschetta (siehe S. 74).

INDIREKTE HITZE

Schiebt die glühende Holzkohle auf eine Seite des Grills, um eine Zone mit indirekter Hitze einzurichten. Diese Stelle bleibt warm, wird aber nicht so heiß wie nebenan, wo die Glut für direkte Hitze sorgt. Praktisch, um Speisen bis zum Essen warm zu halten, aber auch, um Nahrungsmittel über längere Zeit bei niedriger Temperatur zu grillen, zum Beispiel Buttrigen Hasselback-Kürbis mit Chimichurri (siehe S. 47) und Baked Beans mit braunem Zucker (siehe S. 78).

GRILLZUBEHÖR

Die folgenden Gegenstände vereinfachen das Grillen und eröffnen vielfältige Zubereitungsmöglichkeiten:

Grillzange

Zangen mit langem Griff sind unverzichtbar, wenn ihr das Essen auf dem heißen Grill wenden wollt oder rohe Speisen auf dem Grill platzieren und in gegartem Zustand wieder herunternehmen möchtet. Auch zum Verschieben der glühenden Holzkohle sind sie sehr praktisch. Ich rate euch, Zangen mit einer Länge von mindestens 35 cm zu nehmen, damit ihr euch nicht die Finger verbrennt. Achtet auch auf haltbare Materialien und hitzebeständige Griffe.

Alufolie

Gerichte im Alupäckchen könnt ihr auf dem Grill dämpfen. Ich verwende meist eine doppelte Lage, damit nichts heraustropft und die Speisen gleichmäßig gegart werden.

Spieße

Aufgespießt lassen sich kleine Stücke und Zutaten leichter wenden, ohne dass sie durch den Rost fallen. Sie werden gleichmäßiger gegrillt und sehen toll aus! Ich bevorzuge wiederverwendbare Metallspieße, die oft eine schärfere Spitze haben, mit der man festeres Gemüse wie Zwiebeln und Kartoffeln leichter aufspießen kann. Bambusspieße sind auch in Ordnung – allerdings dürft ihr nicht vergessen, sie vor der Verwendung 30 Minuten in Wasser einzuweichen.

Hitzebeständige Pfanne für den Grill

Mit einer für den Grill geeigneten, hitzebeständigen schmiedeeisernen Pfanne kann man wunderbar Eintopfgerichte wie Paella zubereiten. Sie ist vielseitig und lässt sich auch gut in der Küche einsetzen. Nehmt die Pfanne für Gerichte mit Sauce oder Flüssigkeit und stellt sie direkt auf den heißen Grill. Für die betreffenden Rezepte in diesem Buch wurde eine schmiedeeiserne Paellapfanne (30 cm Ø) verwendet.

Pizzastein

Ihr könnt den Grill auch zur Zubereitung einer richtig guten Pizza mit knusprigem Boden und Raucharoma verwenden. Pizzasteine sind nicht allzu teuer und lassen sich viele Jahre nutzen – damit wird der Pizzaboden besonders knusprig, da dem Teig überschüssige Feuchtigkeit entzogen wird.

Backpinsel

Besorgt euch einen Backpinsel mit langem Griff, um Speisen vor oder während des Grillens mit Öl oder zusätzlicher Marinade zu bestreichen. So haften die Nahrungsmittel nicht am Grill und trocknen während langer Garzeiten nicht aus.

EUER EINKAUFSWAGEN FÜRS BARBECUE

FRISCHWAREN

Obst, Gemüse und Kräuter

Stellt das Gemüse in den Mittelpunkt – es sorgt bei jedem Barbecue-Festmahl für eine Vielfalt an Farben und Konsistenzen, für Knackigkeit und Saisonalität. Wurzelgemüse, z. B. Zwiebeln, Karotten und Kartoffeln, oder auch Butternut-Kürbis wird beim Grillen schön zart und entwickelt eine süßliche Karamellnote. Leichteres Gemüse, wie Zuckerschoten, Brokkoli, Zucchini, Fenchel und Tomaten, wird angebräunt und geröstet und nimmt das Raucharoma der Holzkohle an. Es ist schneller gar als das Wurzelgemüse. Achtet beim Einkauf auf Saisonalität, denn dann bekommt ihr Produkte von bester Qualität und esst im Laufe des Jahres unterschiedlichste Gemüsesorten.

Früchte der Saison sind so vielseitig, dass sie sich als gegrilltes Dessert servieren lassen, zum Beispiel Heiße Balsamico-Erdbeeren (siehe S. 145). Doch sie ergeben auch einen saftigen Kontrast zu vielen herzhaften Gerichten, so etwa bei Pulled-Mango-Tacos mit Bohnen, Radieschen und Koriander (siehe S. 43). Das Aroma der Früchte wird beim Grillen noch intensiver: Traut euch also ruhig und röstet euer Lieblingsobst. Besonders gern mag ich die wunderbare Verwandlung von Wassermelonenspalten – die fleischige, saftige Konsistenz der Gegrillten Wassermelone mit grünem Thai-Curry (siehe S. 67) ist einfach herrlich. Mit Zitrusfrüchten verleiht ihr gegrillten Speisen ganz fix einen Frischekick. Nehmt aber unbedingt unbehandelte Zitronen, Limetten und Orangen, da die gewachsten Exemplare möglicherweise mit einem Produkt tierischer Herkunft behandelt wurden.

Mit frischen Blattkräutern wie Basilikum, glatter Petersilie und Koriandergrün peppt ihr Gerichte aromatisch auf. Stellt die Kräuter bis zur Verwendung in ein Glas mit Wasser.

Tofu

Extrafester Tofu schmeckt gegrillt wirklich fantastisch: Außen wird er schön knusprig, in der Mitte wunderbar zart und rauchig. Bereits gepresster fester Tofu ist in Supermärkten erhältlich. Falls ihr keinen finden könnt, wickelt den Tofu einfach in Küchenpapier oder ein sauberes trockenes Geschirrtuch und legt den Block auf einen großen Teller. Stellt dann einen weiteren Teller darauf und beschwert ihn mit einigen Kochbüchern oder einem schweren Topf. Nach 1 Stunde schneidet ihr den Tofu auf. Seidentofu ist cremig, was ihn zum perfekten Kandidaten für Desserts wie Schokoladenmousse mit Rauchsalz (siehe S. 139) macht. Seidentofu muss nicht gepresst werden.

MILCHERSATZ-PRODUKTE

Pflanzenmilch

Im Supermarkt gibt es zahlreiche pflanzenbasierte Milchsorten, darunter Hafer-, Mandel- und Reismilch. Am vielseitigsten ist die ungesüßte Sojamilch, die in herzhaften und süßen Gerichten Verwendung findet. Bei Kokosmilch ist immer die dickflüssige Variante aus der Dose gemeint.

Veganer Käse

Ohne Käse zum Überbacken ist ein Barbecue einfach nicht komplett! Vegane Käsesorten sind in den vergangenen Jahren immer besser geworden: Wählt also eine Sorte, die zum Rezept passt und eurem Geschmack entspricht. Ich bevorzuge veganen Hartkäse auf Kokosbasis und weichen veganen Frischkäse auf Mandelbasis, die beide im Supermarkt erhältlich sind. Probiert die Quesadillas mit gegrilltem Käse und Pico de Gallo (siehe S. 38).

Vegane Butter

Ich verwende gesalzene vegane Butter, die als Block verkauft wird. Denkt daran, dass sich vegane Butter und milchfreie Margarine oft im Fettgehalt unterscheiden und ihr deshalb vielleicht die Mengen anpassen müsst. Besonders für Buttrigen Hasselback-Kürbis mit Chimichurri (siehe S. 47) unverzichtbar.

Joghurt

Veganer Joghurt passt zu süßen und herzhaften Grillgerichten und eignet sich wunderbar für Marinaden und erfrischende Dips. Dickflüssiger Kokosjoghurt und ungesüßter Natur-Sojajoghurt sind am vielseitigsten.

Sahne

Vegane Koch- oder Schlagsahne auf Soja- oder Haferbasis findet ihr in vielen Supermärkten. Sie lassen sich wie klassische Sahne einsetzen.

Mayonnaise

Vegane Mayonnaise ist eine tolle Ergänzung für euren Vorratsschrank. Es existieren Produkte verschiedener Marken, teils verfeinert durch Aromazutaten.

AUS DEM REGAL

Gewürze und Gewürzmischungen

Um aromatisch aufzutrumpfen, solltet ihr einen Vorrat an gemahlenen Gewürzen und getrockneten Kräutern haben. Gewürzmischungen und -pasten wie Currypaste, chinesisches Fünf-Gewürze-Pulver und Jerk-Gewürzmischung lassen sich schnell und einfach einsetzen. Achtet darauf, dass die Currypasten vegan sind.

Öl

Das Öl verhindert, dass Zutaten am heißen Grillrost haften. Die Speisen sollten deshalb mit dem Backpinsel eingeölt werden, bevor ihr sie auf den Grill legt. Ich verwende zum Bestreichen und Kochen Sonnenblumenöl oder hochwertiges natives Olivenöl extra, da ihr mildes Aroma den Geschmack der Gerichte nicht beeinträchtigt. Natives Olivenöl extra eignet sich auch bestens zum Anmachen von Salaten.

Bohnen aus der Dose

Bohnen aus der Dose lassen sich gut aufbewahren, sind eine schnelle Zutat für Gerichte und so vielseitig, dass sie sich für zahllose Speisen eignen. Riesenbohnen, schwarze Bohnen, rote Kidneybohnen und Cannellini-Bohnen sorgen für Eiweiß und Biss in der Rauchigen Paella mit Riesenbohnen und Oliven (siehe S. 36) und im Bean Burger mit Erdnussbutter, Chili Jam und Minibrezeln (siehe S. 55). Die Bohnen vor der Verwendung gründlich abspülen, um den »Dosengeschmack« loszuwerden. Wenn ihr Burger daraus machen wollt, solltet ihr die Bohnen trocken tupfen, damit die Pattys nicht auseinanderfallen.

Pflanzliche Fleischalternativen

Inzwischen existieren zahlreiche hervorragende Alternativen zu Beefburgern, Schweinswürsten, Hähnchenbrüsten und Steak, und zwar auf pflanzlicher Basis. Obwohl ich für keines der Rezepte in diesem Buch Fleischersatzprodukte als Zutat verwendet habe, könnt ihr gern eure Lieblingsfleischalternative auf den Grill legen, um sie zusammen mit den vorgestellten Gerichten zu genießen.

VEGANE BARBECUE-MENÜS

Das Schöne an einem großen Barbecue ist die bunte Mischung an Gerichten. Oder ihr haltet euch an eines dieser Menüs, die einem bestimmten Thema folgen und euch die Planung erleichtern.

MENÜ 1

Aubergine mit Tamarinde (siehe S. 30)

Olivenfladenbrote (siehe S. 75)

Bulgur-Orangen-Salat mit Pistazien, Granatapfelkernen und Minze (siehe S. 119)

Dukkah (siehe S. 124)

Klebrige Feigen mit kandierten Walnüssen und Granatapfelkernen (siehe S. 140)

MENÜ 2

Bean Burger mit Erdnussbutter, Chili Jam und Minibrezeln (siehe S. 55)

Zwiebelringe mit Bonbonstreifen (siehe S. 98)

Baked Beans mit braunem Zucker (siehe S. 78)

Mayo-Relish mit Essiggürkchen und Kapern (siehe S. 128)

Barbecue Banoffee Pie (siehe S. 132)

MENÜ 3

Süßsaurer Tofu mit Ananas (siehe S. 34)

Brokkoli, Zucchini, Baby-Maiskölbchen und Zuckerschoten in Sataysauce (siehe S. 35)

Nussiger Reissalat (siehe S. 117)

Knackiger Sesam-Limetten-Salat mit Sojasauce und Edamamebohnen (siehe S. 116)

Gegrillter Spargel mit Orange und schwarzem Pfeffer (siehe S. 80)

MENÜ 4

Brutzelnde Fajitas mit gerösteter Limette (siehe S. 54)

Quesadillas mit gegrilltem Käse und Pico de Gallo (siehe S. 38)

Gegrillte Guacamole (siehe S. 129)

Buttrige Maiskolben mit Koriander und Limetten (siehe S. 83)

Tortillataschen mit heißen Zimtäpfeln (siehe S. 144)

MENÜ 5

Pizzas vom Pizzastein (siehe S. 49)

Mediterrane Würste (siehe S. 48)

Fruchtige Bruschetta (siehe S. 74)

Baked Beans auf italienische Art (siehe S. 90)

Gegrillter Zitronenkuchen mit Limoncellosahne und Pistazien (siehe S. 135)

MENÜ 6

Rauchige Paella mit Riesenbohnen und Oliven (siehe S. 36)

Gazpacho mit gegrillten Tomaten (siehe S. 70)

Pimientos de Padrón mit Salz und Essig (siehe S. 87)

Barbecue Patatas bravas (siehe S. 86)

Sangria (siehe S. 148)

MENÜ 7

Gegrillter Katsu-Burger mit Wasabi-Mayo (siehe S. 62)

Pickles in Pink (siehe S. 125)

Teriyaki-Tofu mit grünem Grillgemüse (siehe S. 33)

Klebriger Brokkoli mit Sojasauce, Chili und Sesam (siehe S. 79)

Pickle aus gegrillten Minigurken (siehe S. 121)

MENÜ 8

Buttriger Hasselback-Kürbis mit Chimichurri (siehe S. 47)

Ratatouille im Alupäckchen (siehe S. 91)

Blätterteigpastete mit Zwiebel-Salbei-Brät und Ketchup (siehe S. 102)

Warme Trauben mit luftigem Schnittlauch-Frischkäse (siehe S. 112)

Schokoladenmousse mit Rauchsalz (siehe S. 139)

MENÜ 9

Pilzwürste »Masala« (siehe S. 64)

Blumenkohl und Mango in würziger Joghurtmarinade (siehe S. 44)

Knoblauch-Naan-Brote (siehe S. 94)

Karottensalat mit Koriander und gerösteten Cashewkernen (siehe S. 114)

Schokofondue (siehe S. 134)

MENÜ 10

Geräuchertes Süßkartoffel-Chili mit Schokolade und Zimt (siehe S. 39)

Apfel-Kürbis-Pilz-Spieße mit Thymianöl (siehe S. 59)

Backkartoffeln mit Salzkruste (siehe S. 82)

Salat mit Pekannüssen, Äpfeln und gerösteten Karotten (siehe S. 95)

Honeycomb-Toffee (siehe S. 143)

·VOM·
·GRILL·

AUBERGINE MIT TAMARINDE

BARBECUE-GARTEMPERATUR:
starke Hitze

FÜR 2 PERSONEN

Auberginen bereite ich am liebsten auf dem Grill zu, da ihre Haut das Raucharoma wunderbar aufnimmt und das Fruchtfleisch superweich wird. Dieses Gericht ist fix zubereitet, sieht top aus und beeindruckt eure Gäste. Tamarinde hat als Ausgleich zur süßen Rauchnote der Auberginen ein säuerliches Aroma. Für eine feine Abrundung sorgen Noten von Ahornsirup, Zimt und Chili. Serviert dazu Olivenfladenbrote (siehe S. 75) und Bulgur-Orangen-Salat mit Pistazien, Granatapfelkernen und Minze (siehe S. 119).

- 4 EL natives Olivenöl extra, plus mehr zum Beträufeln
- 3 EL Ahornsirup
- 2 TL Tamarindenpaste
- ½ TL Zimtpulver
- 1 Prise getrocknete Chiliflocken
- 2 Auberginen, längs halbiert (grünen Ansatz nicht beschädigen)
- Kerne von ½ Granatapfel
- 1 Handvoll glatte Petersilie, frisch geschnitten

Abbildung siehe auch S. 76–77

1 Olivenöl, Ahornsirup, Tamarindenpaste, Zimt und Chiliflocken in einer Schale verquirlen.

2 Die Auberginenhälften auf eine Arbeitsfläche legen und das Fruchtfleisch kreuzförmig einritzen. Mit der Schnittseite nach unten in die Marinade tauchen und diese mit einem Backpinsel in die Spalten streichen. Dann die Haut ebenso damit bestreichen. Die Auberginen 10–15 Minuten auf einem Teller ziehen lassen. Überschüssige Marinade in der Schale belassen.

3 Die Auberginen mit einer Grillzange auf den Rost legen (Hautseite nach unten) und 15 Minuten grillen. Anschließend das Fruchtfleisch erneut mit Marinade bestreichen, die Auberginen mit der Schnittseite nach unten auf den Rost legen und weitere 10 Minuten grillen, bis sie braun und butterzart sind.

4 Vom Grill nehmen, auf einem Servierteller mit etwas Olivenöl beträufeln und mit Granatapfelkernen und Petersilie bestreuen.

HEISSER TIPP

Auberginen nehmen in kurzer Zeit viel Aroma und Feuchtigkeit auf. Deshalb müssen sie nicht länger als 15 Minuten marinieren.

TERIYAKI-TOFU
MIT GRÜNEM GRILLGEMÜSE

BARBECUE-GARTEMPERATUR:
mittlere Hitze

FÜR 4 PERSONEN

Für dieses saftige Gericht wird der Tofu in einer süßsalzigen Sauce mariniert und mit grünem Grillgemüse serviert. Teriyaki-Sauce eignet sich perfekt zum Grillen, da sie zwischen süßen und herzhaften Aromen vermittelt. Bereitet die Sauce im Voraus zu, da sie beim Abkühlen leicht eindickt und so die perfekte Glasur für den feinen Tofu ergibt.

100 ml Sojasauce
2 EL Rohrohrzucker
1 EL Ahornsirup
1 EL Mirin (siehe Tipp)
2 Knoblauchzehen, zerdrückt
1 cm Ingwer, geschält und gerieben
1 Prise getrocknete Chiliflocken
280 g gepresster extrafester Tofu (siehe S. 20), horizontal in 4 Scheiben geschnitten und trocken getupft
12 Baby-Brokkoli-Röschen (auch Broccolini oder Bimi; langstielige Brokkolisorte)
16 Zuckerschoten
¼ Kopf Wirsing, in 4 Spalten geschnitten
½ EL Sonnenblumenöl zum Bestreichen
1 TL Sesamsamen

Abbildung siehe auch S. 122–123

1 Sojasauce, Zucker, Ahornsirup, Mirin, Knoblauch, Ingwer und Chiliflocken in einem Topf bei mittlerer Temperatur 5–6 Minuten erhitzen, bis die Mischung köchelt. Dann vom Herd nehmen und einige Minuten abkühlen und eindicken lassen.

2 Die Tofuscheiben jeweils auf einer Seite vorsichtig kreuzweise einritzen (so nimmt der Tofu die Marinade besser auf). Die Scheiben in eine tiefe Schale legen und mit der Teriyaki-Marinade übergießen. 1 Stunde durchziehen lassen und den Tofu mehrfach wenden.

3 Brokkoli, Zuckerschoten und Wirsingspalten auf vier Metallspieße stecken (je 3 Brokkoliröschen, 4 Zuckerschoten und 1 Wirsingspalte). Mit etwas Sonnenblumenöl bestreichen.

4 Überschüssige Marinade vom Tofu abschütteln, dann die Scheiben auf den heißen Rost legen. Von jeder Seite 4–5 Minuten grillen (wenden, sobald die gegrillte Seite fest ist).

5 Die Spieße auf den heißen Rost legen und 4–5 Minuten unter häufigem Wenden grillen, bis das Gemüse weich und leicht angebräunt ist.

6 Den Tofu vom Rost nehmen und auf Servierteller legen. Mit Sesamsamen bestreuen. Die Spieße vom Grill entfernen und das Gemüse vorsichtig von den Spießen auf die Teller schieben. Die Brokkoliröschen auf dem Teriyaki-Tofu platzieren.

HEISSER TIPP

Mirin ist ein süßer japanischer Reiswein, der ein wenig Säure ins Spiel bringt. Eine tolle Zutat, die ihr immer vorrätig haben solltet: perfekt für Teriyaki-Sauce, Nudelsuppen und erfrischende Salatdressings. Die kleinen Mirin-Flaschen sind in den meisten Supermärkten erhältlich.

SÜSSSAURER TOFU MIT ANANAS

BARBECUE-GARTEMPERATUR:
mittlere Hitze

FÜR 4 PERSONEN

Dickflüssige süßsaure Sauce, angebräunter Tofu und klebrige Ananasstücke schmecken noch besser vom Holzkohlegrill, wo sie das verführerische Raucharoma annehmen. Dazu serviert ihr Brokkoli, Zucchini, Baby-Maiskölbchen und Zuckerschoten in Sataysauce (siehe S. 35) und Knackigen Sesam-Limetten-Salat mit Sojasauce und Edamamebohnen (siehe S. 116).

6 EL Tomatenketchup
3 EL Rohrohrzucker
1 EL Sojasauce
1 EL Sonnenblumenöl
2 TL (Malz-)Essig
560 g gepresster extrafester Tofu (siehe S. 20), in mundgerechte Stücke geschnitten
1 Ananas, geschält, Strunk entfernt, Fruchtfleisch in mundgerechte Stücke geschnitten

1 Ketchup, Zucker, Sojasauce, Sonnenblumenöl und Essig in einem Topf auf dem Herd mischen. 50 ml kaltes Wasser zugießen und bei mäßig-schwacher Hitze unter häufigem Rühren 10 Minuten köcheln lassen.

2 Die Tofu- und Ananasstücke in eine große Schüssel geben. Die süßsaure Marinade hineinfüllen und alles gut vermengen, bis die Stücke rundum bedeckt sind. Bei Zimmertemperatur 1 Stunde durchziehen lassen.

3 Die Tofu- und Ananasstücke auf Metallspieße stecken, dabei überschüssige Marinade abschütteln. Die Marinade nicht entsorgen, da ihr sie noch zum Bestreichen der Spieße auf dem Grill benötigt.

4 Die Spieße vorsichtig auf den Rost legen und 10–12 Minuten grillen. Währenddessen viermal wenden, sodass jede Seite angebräunt wird. Bei jedem Wenden mit ein wenig süßsaurer Sauce bestreichen, damit sie schön aromatisch werden und nicht am Rost haften.

5 Vom Grill nehmen und die Tofu- und Ananasstücke vorsichtig von den Metallspießen auf Servierteller streifen.

HEISSER TIPP

Kauft bereits gepressten extrafesten Tofu und tupft verbleibende Feuchtigkeit mit Küchenpapier oder einem sauberen Geschirrtuch ab. Falls euer fester Tofu noch nicht gepresst ist, lest euch auf S. 20 meine Anleitung zum Pressen von Tofu durch.

BROKKOLI, ZUCCHINI, BABY-MAIS-KÖLBCHEN UND ZUCKERSCHOTEN IN SATAYSAUCE

BARBECUE-GARTEMPERATUR:
mittlere Hitze

FÜR 4 PERSONEN

Das Gemüse vom Grill entwickelt vielschichtige Rauch- und Röstaromen und wird an einigen Stellen schön knusprig. Die cremige, mild gewürzte Sataysauce stellt das perfekte Gegengewicht dar und verleiht dem Gericht eine üppige Note sowie seidige Konsistenz!

1 Zucchini, längs halbiert und in 12 breite Scheiben geschnitten

12 Stangen Baby-Brokkoli (auch Broccolini oder Bimi; langstielige Brokkolisorte)

12 Zuckerschoten

4 Baby-Maiskölbchen, jeweils in 3 gleichmäßige Stücke geschnitten

1 EL Sonnenblumenöl

Für die Sataysauce

2 EL cremige Erdnussbutter

1 EL Sonnenblumenöl

1 EL Sojasauce

½ TL chinesisches Fünf-Gewürze-Pulver

1 Prise getrocknete Chiliflocken

1 Zucchini, Brokkoli, Zuckerschoten und Baby-Maiskölbchen auf vier Spieße stecken (je 3 Stück von jeder Gemüsesorte). Großzügig mit Sonnenblumenöl bestreichen und kurz beiseitestellen.

2 Für die Sataysauce Erdnussbutter, Sonnenblumenöl, Sojasauce, Fünf-Gewürze-Pulver und Chiliflocken in einer Schüssel mit 50 ml kaltem Wasser glatt rühren.

3 Die Spieße vorsichtig auf den heißen Rost legen und unter mehrfachem Wenden 5 Minuten grillen.

4 Mit einem Backpinsel großzügig die Sataysauce auftragen (falls sie während der kurzen Pause zu dickflüssig geworden ist, 1–2 EL kaltes Wasser einrühren), bis das Gemüse rundum bedeckt ist. Dann weitere 8–10 Minuten grillen, bis es goldbraun und zart ist.

5 Das Gemüse vorsichtig von den Spießen schieben und servieren.

HEISSER TIPP

Die Baby-Maiskölbchenstücke längs durch die weiche Mitte aufspießen, da das Gemüse unter Umständen zerbricht, wenn man es quer auf die Spieße steckt.

RAUCHIGE PAELLA
MIT RIESENBOHNEN UND OLIVEN

BARBECUE-GARTEMPERATUR:
starke Hitze

FÜR 4 PERSONEN

Für Paella eignet sich der Grill bestens, da ihr bei hoher Hitze zuerst das Gemüse rösten könnt, bevor die Temperatur dann sinkt und der Reis die Safranbrühe aufnehmen kann. So entsteht in geselliger Runde ein wunderbar sommerliches Gericht. Nehmt eine tiefe Paellapfanne aus Edelstahl und die frischesten Zutaten, die ihr auftreiben könnt. Ich liebe die zarten spanischen Riesenbohnen (Limabohnen), die in diesem Rezept zum Einsatz kommen. Achtet auf Safran von guter Qualität, der dem Gericht ein köstliches Honigaroma verleiht. Dazu serviert ihr ein erfrischendes Glas Sangria (siehe S. 148).

1 Prise Safranfäden
800 ml heiße Gemüsebrühe
6 Mini-Paprikaschoten (verschiedene Farben)
1 Zucchini, in Scheiben geschnitten
2 EL natives Olivenöl extra
1 unbehandelte Zitrone, halbiert
1 Zwiebel, fein gehackt
3 Knoblauchzehen, zerdrückt
1 TL geräuchertes Paprikapulver
1 TL getrockneter Oregano
300 g Bomba-Paella-Reis
400 g Riesenbohnen (aus dem Glas oder der Dose), abgespült und abgetropft
8 entsteinte grüne Oliven, in Ringe geschnitten
1 Handvoll glatte Petersilie, frisch geschnitten
1 kleine Handvoll Dillspitzen, frisch geschnitten
Meersalz

Abbildungen siehe auch S. 28 und S. 88–89

1 Den Safran in einem Krug in die heiße Gemüsebrühe einrühren und durchziehen lassen.

2 Paprikaschoten und Zucchini mit 1 EL Olivenöl in einer Schüssel vermengen. Das Gemüse mit den Zitronenhälften auf den heißen Rost legen und 2–3 Minuten von jeder Seite grillen, bis sich Röststreifen bilden. In einer Schüssel beiseitestellen.

3 Restliches Olivenöl in eine schmiedeeiserne Paellapfanne (30 cm Ø; siehe S. 19) träufeln und die Pfanne auf den Grill stellen. Die Zwiebel ins heiße Öl geben und 5–7 Minuten anbraten, bis sie weich ist.

4 Knoblauch, geräuchertes Paprikapulver und Oregano zugeben und unter häufigem Rühren weitere 3–5 Minuten braten, bis sich das Aroma entfaltet.

5 Den Reis einrühren und einige Minuten gut unterheben. Dann die Hälfte der Safranbrühe zugießen. Die Pfanne mit Alufolie abdecken oder den Deckel des Grills auflegen. 15–20 Minuten grillen, bis der Großteil der Brühe aufgesogen ist. Übrige Brühe und Riesenbohnen zufügen und weitere 10 Minuten garen, bis die Brühe eingezogen ist.

6 Das Gemüse darauf verteilen und die Zitronenhälften darüber auspressen. Mit Oliven, Petersilie und Dill garnieren. Mit 1 Prise Salz abschmecken, vom Grill nehmen und vor dem Verzehr 5–10 Minuten ziehen lassen.

HEISSER TIPP

Bereitet alle Zutaten vor, bevor ihr mit dem Grillen beginnt. So könnt ihr die Paella unkompliziert draußen zusammenstellen und habt alles zur Hand.

QUESADILLAS MIT GEGRILLTEM KÄSE UND PICO DE GALLO

BARBECUE-GARTEMPERATUR:
mittlere–starke Hitze

FÜR 2 PERSONEN

Werft den Grill an für diese unfassbar köstlichen Quesadillas mit geschmolzenem Käse und pikantem Pico de Gallo! Das Rezept lässt sich gut verdoppeln (oder weiter vervielfachen). Wer mehr Biss will, gibt noch rote Kidneybohnen (abgespült) aus der Dose dazu. Schmeckt besonders köstlich mit erfrischenden Avocadoscheiben oder zu Mayo-Relish mit Essiggürkchen und Kapern (siehe S. 128).

4 große feste Tomaten, gewürfelt
1 kleine rote Zwiebel, fein gehackt
1 Handvoll Koriandergrün, frisch geschnitten
frisch gepresster Saft von ½ unbehandelten Limette
geräuchertes Meersalz
4 große weiche Tortillas
150 g veganer Hartkäse, gerieben
1 EL natives Olivenöl extra

1 Für das Pico de Gallo Tomaten, Zwiebel, Koriandergrün, Limettensaft und 1 Prise geräuchertes Meersalz in einer Schüssel vermengen und 1 Stunde ziehen lassen.

2 Die Tortillas auf der Arbeitsfläche ausbreiten. Jeweils eine Hälfte mit Käse bestreuen und Pico de Gallo darauf verteilen. Jeden Wrap zu Halbmonden zusammenklappen und von jeder Seite mit Olivenöl bestreichen.

3 Die Tortilla-Halbmonde dann auf den heißen Rost legen und 3–5 Minuten von jeder Seite grillen, bis der Käse geschmolzen ist und die Wraps goldbraun und knusprig sind.

4 Die Tortillas vom Grill nehmen und halbieren, sodass klassische Quesadilla-Viertel entstehen.

HEISSER TIPP

5 Kauft einen gut schmelzenden veganen Käse. Probiert die vielen Sorten aus, die inzwischen in einigen Supermärkten erhältlich sind, u. a. mit Rauch- und Chiliaroma. Ich finde, dass der Käse gleichmäßiger schmilzt, wenn man ihn kurz vor der Verwendung reibt (bereits geriebener veganer Käse aus dem Supermarkt ist oft mit Mehl bedeckt, das ein Zusammenkleben verhindert, aber die Schmelzbarkeit beeinträchtigt).

GERÄUCHERTES SÜSSKARTOFFEL-CHILI MIT SCHOKOLADE UND ZIMT

BARBECUE-GARTEMPERATUR:
starke Hitze

FÜR 6 PERSONEN

Grillen kann man nicht nur im Sommer – zieht einen Pullover über und werft an Halloween den Grill für dieses süße Chili mit Raucharoma an. Zartbitterschokolade und eine Spur Zimt verleihen der üppigen Sauce ein feines, perfekt ausbalanciertes Aroma. Serviert das Chili unterm Sternenhimmel in vorgewärmten Schüsseln und reicht dazu Buttrige Maiskolben mit Koriander und Limetten (siehe S. 83). Als krönenden Abschluss gibt es Honeycomb-Toffee (siehe S. 143).

- 400 g stückige Tomaten (aus der Dose)
- 1 Zwiebel, gehackt
- 1 grüne Paprikaschote, entkernt und gewürfelt
- 2 Stangen Staudensellerie, grob gehackt
- 1 gehäufter TL mildes Chilipulver
- 1 TL geräuchertes Paprikapulver
- ½ TL Zimtpulver
- ½ TL getrockneter Oregano
- 1 Stück Zartbitterschokolade (milchfrei)
- 400 g rote Kidneybohnen (aus der Dose), abgespült und abgetropft
- 400 g schwarze Bohnen (aus der Dose), abgespült und abgetropft
- 1 große Süßkartoffel, geschält und in Spalten geschnitten
- 1 rote Paprikaschote, entkernt und in breite Stücke geschnitten
- 1 TL Sonnenblumenöl
- Meersalz
- frisch gepresster Saft von ½ unbehandelten Limette
- 1 Handvoll glatte Petersilie, frisch geschnitten

Abbildung siehe nächste Seite

1 Tomaten, Zwiebel, Paprikaschote, Sellerie, Chili-, Paprika- sowie Zimtpulver, Oregano und Schokolade in einer für den Grill geeigneten schmiedeeisernen Pfanne (30 cm Ø) vermengen und auf den heißen Rost stellen. 5–10 Minuten grillen, bis das Gemüse köchelt. Dann Kidney- und schwarze Bohnen hinzufügen. Unter häufigem Rühren weitere 30–40 Minuten köcheln lassen.

2 Inzwischen Süßkartoffelspalten und rote Paprikastücke mit Sonnenblumenöl bestreichen. Die Süßkartoffeln direkt auf den Rost legen und unter gelegentlichem Wenden 25–30 Minuten grillen, bis sie weich sind. Die Paprikastücke erst auflegen, wenn der Grill auf mittlere Hitze abgekühlt ist. 10–12 Minuten grillen.

3 Die Pfanne vom Grill nehmen. 1 gute Prise Meersalz sowie Limettensaft in das Chili einrühren. Süßkartoffelspalten und Paprikastücke mit der Grillzange obenauf legen. Kurz vor dem Servieren mit Petersilie bestreuen.

HEISSER TIPP

Dieses Chili könnt ihr auch auf dem Herd zubereiten. Köchelt das Chili dann 25–30 Minuten bei mäßighoher Hitze in einer großen Pfanne oder einer gusseisernen Form. Die Süßkartoffelspalten gart ihr in einer Grillpfanne bei hoher Temperatur 15–20 Minuten, die Paprikastücke 5–10 Minuten.

PULLED-MANGO-TACOS
MIT BOHNEN, RADIESCHEN UND KORIANDER

BARBECUE-GARTEMPERATUR:
mittlere Hitze

FÜR 4 PERSONEN

Gegrillt schmeckt diese süße rauchige Mango ganz außerordentlich. Deshalb steht sie bei diesen familienfreundlichen Tacos an erster Stelle. Ich liebe den Kontrast von seidiger Mango und knusprigen Taco-Shells, aber ihr könnt natürlich auch gern weiche Mais-Tortillas verwenden. Mit Gegrillter Guacamole (siehe S. 129) servieren.

- 400 g rote Kidneybohnen (aus der Dose), abgespült und abgetropft
- 3 Frühlingszwiebeln, fein gehackt
- 2 Radieschen, fein gewürfelt
- 3 cm Gurke, fein gewürfelt
- 1 Handvoll Koriandergrün, frisch geschnitten
- frisch gepresster Saft von ½ unbehandelten Limette
- 1 gute Prise geräuchertes Meersalz

Für die Pulled Mango

- 2 EL Sonnenblumenöl
- 1 TL geräuchertes Paprikapulver
- 1 Prise mildes Chilipulver
- Meersalz
- 2 Mangos, geschält und längs in jeweils 4 Spalten geschnitten
- 2 rote Paprikaschoten, entkernt und in 8 breite Streifen geschnitten
- 8 knusprige Tacc-Shells aus Maismehl
- 2 EL vegane Mayonnaise

1 Kidneybohnen, Frühlingszwiebeln, Radieschen, Gurke, Koriandergrün und Limettensaft in einer Schüssel vermengen und mit geräuchertem Salz abschmecken. Durchziehen lassen, während der Grill angefeuert wird.

2 Öl, Paprikapulver, Chilipulver und 1 Prise Meersalz in einer weiteren Schüssel verrühren. Mango- und Paprikastücke auf einen Teller geben und von beiden Seiten mit der Ölmischung bestreichen.

3 Mango und Paprika mit der Grillzange auf den heißen Rost legen und von jeder Seite 5–6 Minuten grillen, bis sich Röststreifen bilden.

4 Die Taco-Shells auf Tellern platzieren und mit der Bohnenmischung füllen. Die Paprikastücke auf die Shells verteilen.

5 Die Mangos auf ein Schneidebrett legen und das Fruchtfleisch mit zwei Gabeln zerfasern. Die Tacos jeweils mit Mangofruchtfleisch sowie etwas Mayonnaise krönen und heiß servieren.

HEISSER TIPP

Diese Tacos sind sehr mild gewürzt, also ideal für jüngere Genießer. Wer es schärfer mag, kann neben der Mango Pimientos de Padrón grillen oder ein paar Jalapeñoringe aus dem Glas dazugeben.

BLUMENKOHL UND MANGO
IN WÜRZIGER JOGHURTMARINADE

BARBECUE-GARTEMPERATUR:
mittlere Hitze

FÜR 4 PERSONEN

Mariniert die Blumenkohlröschen in pikant gewürztem Joghurt, bevor ihr sie auf den Grill legt. Bei dieser simplen Zubereitung nimmt der Blumenkohl all die Aromen auf. Serviert dazu Pilzwürste »Masala« (siehe S. 64) und einen Karottensalat mit Koriander und gerösteten Cashewkernen (siehe S. 114).

- 6 EL ungesüßter Natur-Sojajoghurt
- 1 EL Sonnenblumenöl
- 1 EL milde Currypaste (vegan)
- ½ TL gemahlene Kurkuma
- ½ TL gemahlener Kreuzkümmel
- 1 Prise getrocknete Chiliflocken
- Meersalz
- 1 kleiner Kopf Blumenkohl, Blätter entfernt und in 16 mundgerechte Röschen zerteilt
- 2 feste Mangos, geschält und in 12 mundgerechte Stücke gewürfelt
- frisch gepresster Saft von ¼ unbehandelten Zitrone
- 1 kleine Handvoll Koriandergrün, frisch geschnitten

1 Joghurt, Öl, Currypaste, Kurkuma, Kreuzkümmel, Chiliflocken und 1 Prise Meersalz in einer großen Schüssel gründlich vermengen.

2 Die Blumenkohlröschen zufügen und mit der Marinade bedecken. Die Schüssel mit Frischhaltefolie oder einem Deckel abdecken und den Blumenkohl 2 Stunden marinieren.

3 Überschüssige Joghurtmarinade abschütteln und die Röschen abwechselnd mit Mangostücken auf vier Metallspieße stecken (je 4 Blumenkohlröschen und 3 Mangostücke).

4 Die Spieße auf den heißen Rost legen und 12–15 Minuten grillen. Mehrfach wenden, sodass sie rundum angebräunt werden. Vom Grill nehmen, dann Blumenkohl und Mango vorsichtig von den Spießen schieben. Mit Zitronensaft beträufeln und mit Koriandergrün bestreuen.

HEISSER TIPP

Während des Grillens werden die Mangostücke weich und klebrig. Nehmt deshalb am besten noch nicht ganz reife Mangos, die sich gut aufspießen lassen und beim Grillen nicht herunterfallen.

BUTTRIGER HASSELBACK-KÜRBIS
MIT CHIMICHURRI

BARBECUE-GARTEMPERATUR: mittlere Hitze. Für einen Bereich mit indirekter Hitze einen Teil der Holzkohle zur Seite schieben.

FÜR 4 PERSONEN

Der buttrige Butternut-Kürbis mit Lorbeernote, dessen süßlicher Geschmack durch den erfrischenden Chimichurri einen Kontrast erhält, ist hier der Star. Mit einem scharfen Sparschäler in Y-Form könnt ihr den Kürbis problemlos schälen: Auch die weißliche Schicht unter der Schale sollte entfernt werden, bis das feste orange Fruchtfleisch zum Vorschein kommt. Das Gericht passt perfekt zu Orzo-Salat mit gegrillter Paprika und Oliven (siehe S. 106) sowie Blätterteigpastete mit Zwiebel-Salbei-Brät und Ketchup (siehe S. 102).

- 1 mittelgroßer Butternut-Kürbis, geschält, längs halbiert und entkernt
- 3 EL vegane Butter
- 1 Lorbeerblatt
- Meersalz und schwarzer Pfeffer aus der Mühle

Für den Chimichurri

- 30 g glatte Petersilie, frisch geschnitten
- ½ TL getrockneter Oregano
- ½ TL geräuchertes Paprikapulver
- 1 Prise getrocknete Chiliflocken
- frisch gepresster Saft von 1 unbehandelten Zitrone
- 2 TL Apfelessig
- 150 ml natives Olivenöl extra
- Meersalz und schwarzer Pfeffer aus der Mühle

Abbildung siehe auch S. 110–111

1 Eine Kürbishälfte mit der flachen Seite nach unten auf ein Schneidebrett legen. Das Fruchtfleisch im Abstand von 5 mm vorsichtig quer einschneiden. Dabei aufpassen, dass ihr nicht bis aufs Brett durchschneidet (siehe »Heißer Tipp«). Mit der anderen Hälfte ebenso verfahren.

2 Butter mit Lorbeerblatt bei niedriger Temperatur in einem kleinen Topf zerlassen. Einige Minuten ziehen lassen, dann das Lorbeerblatt entfernen. Den Kürbis mit der Butter bestreichen (auch in den Einschnitten). Mit 1 guten Prise Salz und Pfeffer würzen.

3 Die Kürbishälften auf dem Rost im Bereich mit indirekter Hitze 45 Minuten grillen, dabei den Grill mit dem Deckel oder locker mit Alufolie abdecken. Währenddessen mehrfach wenden. Anschließend Deckel oder Folie abnehmen und weitere 15 Minuten grillen, bis der Kürbis weich ist.

4 Inzwischen für den Chimichurri Petersilie, Oregano, Paprikapulver und Chiliflocken in einer Schüssel vermengen. Zitronensaft, Apfelessig und Olivenöl zugießen und gut unterrühren. Mit Salz und Pfeffer abschmecken und durchziehen lassen.

5 Den gegrillten Kürbis vorsichtig vom Rost nehmen und auf einen Servierteller legen. Reichlich Chimichurri darüberlöffeln.

HEISSER TIPP

Wollt ihr den perfekten Hasselback-Look? Legt dazu längs neben die Kürbishälften auf beide Seiten Essstäbchen oder Löffel, bevor ihr das Fruchtfleisch einschneidet. So schneidet das Messer den Kürbis nicht zu weit ein.

MEDITERRANE WÜRSTE

BARBECUE-GARTEMPERATUR:
schwache–mittlere Hitze

ERGIBT 8 STÜCK

Diese hausgemachten farbenfrohen Würste mit roter Paprika, Tomaten, Spinat und Pilzen verbreiten mediterranes Flair. Sie stecken voller Aromen und lassen sich bestens grillen – danach sind sie außen herrlich knusprig und innen ganz weich. Dazu passen Barbecue Patatas bravas (siehe S. 86) und ein Krug Sangria (siehe S. 148).

- 1 EL Sonnenblumenöl, plus 1 EL zum Bestreichen
- 200 g Egerlinge, geputzt und grob in Scheiben geschnitten
- 1 rote Paprikaschote, entkernt und grob gewürfelt
- 4 Kirschtomaten
- 1 große Handvoll frischer Blattspinat
- ½ TL getrockneter Oregano
- 1 Knoblauchzehe, zerdrückt
- 6 gehäufte EL kernige Haferflocken
- Meersalz und schwarzer Pfeffer aus der Mühle
- 4 Blatt Reispapier

HEISSER TIPP

Reispapier bekommt ihr im Supermarkt oder Asialaden. Mit ein wenig Übung lässt es sich ganz leicht für vielerlei Gerichte verwenden. Auf S. 64 findet ihr weitere Anwendungstipps.

1 Das Öl in einem großen Topf bei mittlerer Temperatur auf dem Herd erhitzen. Egerlinge und Paprika zufügen und 5–6 Minuten braten, bis sie allmählich weich werden. Tomaten und Spinat zugeben und weitere 5 Minuten garen. Oregano und Knoblauch einrühren und 1 weitere Minute braten.

2 Das Gemüse kurz abkühlen lassen. Im Standmixer mit Haferflocken, 1 guten Prise Salz und Pfeffer per Pulse-Funktion zu einer leicht stückigen Masse verarbeiten. In eine Schüssel füllen, mit Frischhaltefolie oder einem sauberen Geschirrtuch abdecken und über Nacht oder mindestens 6 Stunden kalt stellen.

3 Eine große Schüssel mit warmem (nicht heißem) Wasser füllen. Eine saubere Arbeitsfläche oder ein Schneidebrett sowie einen Teller mit etwas Sonnenblumenöl bestreichen. 1 Blatt Reispapier 3–5 Sekunden ins Wasser tauchen, bis es weich wird. Herausnehmen und auf die Arbeitsfläche legen. Das Reispapier mit einem Messer halbieren.

4 In der Mitte jeder Reispapierhälfte 1 EL der Wurstfüllung platzieren, dann längs in Wurstform verteilen. Die langen Seiten des Reispapiers über die Füllung klappen, danach die Enden einschlagen oder zusammendrehen, sodass das Päckchen einer Wurst ähnelt. Auf den eingeölten Teller legen. Mit den übrigen Reispapierblättern und der Wurstfüllung ebenso verfahren.

5 Die Würste mit etwas Öl bestreichen und vorsichtig auf den Rost legen. 10–12 Minuten grillen und alle paar Minuten wenden, damit sie gleichmäßig braten und knusprig werden.

PIZZAS VOM PIZZASTEIN

BARBECUE-GARTEMPERATUR:
starke Hitze

FÜR 2 PERSONEN

Der knusprige Boden einer auf dem Pizzastein gebackenen Pizza ist einfach unschlagbar. Bei der hohen Hitzeentwicklung des Grills lässt sie sich ganz einfach zubereiten. Dies ist ein simples Rezept für eine Pizza Margherita, aber ihr könnt sie natürlich mit allem belegen, was euch einfällt. Kauft einen veganen Hartkäse, der gut zerläuft. Oder entscheidet euch für eine klassisch italienische Pizza rosso ohne Käse.

Für die Pizzasauce

1 EL natives Olivenöl extra
2 Knoblauchzehen, zerdrückt
250 g passierte Tomaten von guter Qualität
1 Prise Zucker
1 Handvoll Basilikumblätter, frisch geschnitten
¼ TL getrockneter Oregano
Meersalz und schwarzer Pfeffer aus der Mühle

Für den Boden

300 g Weizenmehl (Type 812) oder Pizzamehl (Type 00), plus mehr zum Arbeiten
1 Pck. (7 g) Trockenhefe
1 Prise Zucker
1 TL Salz
1 EL natives Olivenöl extra
2 EL Hartweizengrieß zum Arbeiten

Für den Belag

1 Ochsenherztomate, halbiert und in feine Scheiben geschnitten
200 g veganer Hartkäse, gerieben
1 Handvoll frische Basilikumblätter
1 Schuss natives Olivenöl extra
Meersalz und schwarzer Pfeffer aus der Mühle

1 Für die Pizzasauce Öl und Knoblauch in einer Pfanne auf dem Herd bei mittlerer Temperatur 2–3 Minuten erhitzen. Passierte Tomaten und Zucker untermischen und unter häufigem Rühren 5 Minuten köcheln. Vom Herd nehmen, Basilikum, Oregano, 1 gute Prise Salz und reichlich Pfeffer zufügen und vermengen. Beiseitestellen. (Die Sauce kann bis zu 2 Tage im Voraus zubereitet und im Kühlschrank in einem geschlossenen Behälter aufbewahrt werden.)

2 Für den Boden Mehl, Hefe, Zucker und Salz in einer Schüssel mischen. Olivenöl und 200 ml warmes Wasser zugießen und alles zu einem Teig verkneten.

3 Eine saubere Arbeitsfläche mit etwas Mehl bestäuben und den Teig 5 Minuten kneten. Teig halbieren, mit der Schüssel abdecken und 15 Minuten gehen lassen. Die gesäuberte Arbeitsfläche mit Hartweizengrieß bestreuen (1 EL pro Boden). Die beiden Teigbälle mit dem Nudelholz jeweils zu einem Kreis (30 cm Ø) ausrollen.

4 Den Pizzastein vorsichtig auf dem heißen Grill platzieren, den Deckel auflegen und den Stein 15 Minuten erhitzen.

5 Wer einen Pizzaschieber hat, legt den Pizzaboden darauf und bedeckt den Teig dann mit der Sauce, den Tomatenscheiben und dem Käse. Ohne Schieber ist es vielleicht einfacher, den Boden zuerst auf den heißen Pizzastein gleiten zu lassen und dann erst den Belag darauf zu verteilen.

6 Die Pizza 7–8 Minuten backen, bis sie am Rand anbräunt. Dann den Grilldeckel für etwa 2–3 Minuten auflegen, damit der Käse besser schmilzt.

7 Die Pizza vom Stein nehmen, mit Basilikumblättern bestreuen und mit etwas Olivenöl beträufeln. Mit 1 Prise Salz und Pfeffer würzen. Mit der zweiten Pizza ebenso verfahren.

KNUSPRIGE BALSAMICO-GNOCCHI
MIT PAPRIKA UND TOMATEN

BARBECUE-GARTEMPERATUR:
mittlere Hitze

REICHLICH FÜR 4 PERSONEN

Kartoffelgnocchi vom Grill sind ungewohnt knusprig und schmecken köstlich, besonders, wenn ihr sie mit Balsamico-Creme verfeinert und dazu gegrillte Paprika und Tomaten serviert. Bestreicht den Rost mit etwas Olivenöl, während die Holzkohle heiß wird – so bleiben die Gnocchi nicht daran haften. Und lasst sie vor dem Wenden ruhig knusprig werden.

100 ml Balsamicoessig
2 TL Zucker
500 g fertige Kartoffelgnocchi (vegan) (siehe »Heißer Tipp«)
2 rote Paprikaschoten, entkernt und in mundgerechte Stücke geschnitten
16 Kirschtomaten
1 EL natives Olivenöl extra

1 Essig und Zucker in einem kleinen Topf bei mittlerer Hitze auf dem Herd zum Köcheln bringen. Nach 5 Minuten vom Herd nehmen und beiseitestellen (die Mischung dickt beim Abkühlen etwas ein).

2 Die Gnocchi in einer großen hitzebeständigen Schüssel mit frisch aufgekochtem Wasser bedecken und 3–5 Minuten ziehen lassen. Abseihen und mit Küchenpapier oder einem sauberen Geschirrtuch trocken tupfen, um möglichst viel Feuchtigkeit von der Oberfläche zu entfernen.

3 Die Gnocchi mit Paprikastücken und Tomaten auf vier oder sechs Metallspieße stecken (ich nehme meist je 2–3 Gnocchi, dann 1 Stück Paprika, 2–3 Gnocchi, dann 1 Tomate usw., bis der Spieß voll ist). Gnocchi, Paprika und Tomaten mit Olivenöl einpinseln. Anschließend die Gnocchi großzügig mit der abgekühlten Balsamico-Creme bestreichen.

4 Die Spieße 4–5 Minuten auf den heißen Rost legen. Danach wenden und weitere 4–5 Minuten grillen. Noch einige weitere Minuten zugeben, bis die Gnocchi richtig knusprig sind.

5 Vom Grill nehmen und Gnocchi, Paprika und Tomaten auf Teller schieben. Heiß servieren.

HEISSER TIPP

Fertige Kartoffelgnocchi gehören in jeden Vorratsschrank. Daraus lässt sich ein superschnelles Abendessen oder eine Grillbeilage zaubern! Viele Supermarkt-Hausmarken enthalten kein Ei oder andere tierische Produkte, aber lest euch besser die Zutatenliste durch.

NO-MEAT-BÄLLCHEN
MIT KRÄUTERN IN ARRABBIATA-SAUCE

BARBECUE-GARTEMPERATUR:
starke Hitze

FÜR 2 PERSONEN

Vegane No-Meat-Bällchen schmecken allen, besonders dann, wenn sie mit rauchigem Aroma und in einer feurigen Arrabbiata-Sauce daherkommen. Die Bällchen solltet ihr im Voraus zubereiten, damit sie im Kühlschrank durchziehen und fest werden können. Dann kann nichts mehr schiefgehen. Die Menge könnt ihr problemlos verdoppeln. Serviert die Bällchen zu Pasta oder in einem warmen Brötchen als Sub-Sandwich.

Für die No-Meat-Bällchen mit Kräutern

400 g schwarze Bohnen (aus der Dose), abgespült und abgetropft
2 EL Walnusskerne
2 gehäufte EL kernige Haferflocken
1 TL getrocknete Kräutermischung
½ TL getrockneter Salbei
Meersalz und schwarzer Pfeffer aus der Mühle
1 EL natives Olivenöl extra

Für die Arrabbiata-Sauce

2 Knoblauchzehen, zerdrückt
1 gute Prise getrocknete Chiliflocken
300 g passierte Tomaten von guter Qualität
1 Prise Zucker
Meersalz und schwarzer Pfeffer aus der Mühle
1 Handvoll glatte Petersilie, frisch geschnitten

1 Bohnen mit Küchenpapier oder einem sauberen Geschirrtuch trocken tupfen. Mit Walnüssen, Haferflocken, Kräutern sowie 1 guten Prise Salz und Pfeffer im Standmixer per Pulse-Funktion zu einer leicht stückigen Masse verarbeiten. Dabei die Mischung einige Male mit dem Pfannenwender herunterschieben.

2 Zu acht Bällchen rollen (pro Bällchen ca. 2 gehäufte TL verwenden). Auf einen Teller legen und mit Frischhaltefolie abdecken. Mindestens 6 Stunden oder über Nacht im Kühlschrank ziehen lassen.

3 Das Olivenöl in einer für den Grill geeigneten schmiedeeisernen Pfanne (30 cm Ø) auf dem Grill erhitzen. Die Bällchen hineinlegen und 10–12 Minuten braten. Mehrfach wenden, bis sie rundum angebräunt sind.

4 Für die Sauce Knoblauch und Chiliflocken zufügen und unter ständigem Rühren 1 Minute braten. Die passierten Tomaten rund um die Bällchen zugießen. Die Sauce spritzt ein bisschen – zieht besser eine Schürze an! Den Zucker einrühren und die Mischung weitere 3–5 Minuten garen.

5 Die Pfanne vom Grill nehmen. Mit 1 Prise Salz und Pfeffer würzen. Mit Petersilie bestreuen und heiß servieren.

HEISSER TIPP

Um am Grill Zeit zu sparen, könnt ihr die Arrabbiata-Sauce auch im Voraus am Herd zubereiten (zuerst etwas Olivenöl in die Pfanne gießen, um Knoblauch und Chiliflocken anzubraten). Diese Sauce hält sich im Kühlschrank in einem geschlossenen Behälter bis zu 4 Tage, lässt sich aber auch gut einfrieren.

NO-LOBSTER ROLLS –
FALSCHE HUMMERBRÖTCHEN

BARBECUE-GARTEMPERATUR: mittlere–starke Hitze. Für einen Bereich mit indirekter Hitze einen Teil der Holzkohle zur Seite schieben.

FÜR 4 PERSONEN

Die berühmten Lobster Rolls im New England Style werden hier veganisiert, und zwar mit zarter Jackfrucht, Zitronensaft, Mayonnaise und Staudensellerie. Die Jackfrucht nimmt das feine Aroma der Zitronenbutter wunderbar auf und entfaltet gegrillt ganz neue Geschmacksnoten. Ich serviere die Füllung gern warm und packe sie mit kühler Mayonnaise und knackigem Eisbergsalat in getoastete Hotdog-Brötchen.

2 EL vegane Butter
feiner Abrieb von 1 unbehandelten Zitrone
400 g Jackfrucht (aus der Dose), abgespült und abgetropft, in kleine Stücke gebrochen
4 Radieschen, halbiert und in feine Scheiben geschnitten
1 Stange Staudensellerie, fein gewürfelt
3 gehäufte EL vegane Mayonnaise
1 kleine Handvoll Dill, frisch geschnitten
1 kleine Handvoll Schnittlauch, frisch geschnitten
1 Spritzer Zitronensaft
Meersalz
4 Hotdog-Brötchen (alternativ Baguette-Brötchen)
¼ Kopf Eisbergsalat, in Streifen geschnitten
einige Prisen Paprikapulver

1 Eine für den Grill geeignete schmiedeeiserne Pfanne (30 cm Ø) auf den Rost in den Bereich mit indirekter Hitze stellen und die Butter darin langsam zerlassen. Den Zitronenabrieb zufügen und umrühren, bis sich der Duft entfaltet.

2 Die Jackfrucht mit Küchenpapier oder einem sauberen Geschirrtuch trocken tupfen. Die Stücke in die Pfanne geben und unter häufigem Rühren 5–10 Minuten braten, bis die Zitronenbutter aufgenommen und die Jackfrucht heiß ist.

3 Die Pfanne vom Grill nehmen und Radieschen, Staudensellerie, Mayonnaise, Dill und Schnittlauch hineingeben. Zitronensaft darüberträufeln und mit 1 Prise Meersalz abschmecken.

4 Die Brötchen halbieren oder aufziehen und auf dem Grill rösten, bis sie angebräunt sind. Salatstreifen und Jackfrucht in die Brötchen füllen, mit Paprikapulver bestreuen und warm servieren.

HEISSER TIPP

Radieschen, Sellerie, Mayonnaise, Dill und Schnittlauch könnt ihr 1 Tag im Voraus in einer Schüssel vermengen, sodass es am Grill schneller geht.

BRUTZELNDE FAJITAS
MIT GERÖSTETER LIMETTE

BARBECUE-GARTEMPERATUR:
mittlere–starke Hitze

FÜR 4 PERSONEN

Inzwischen bin ich so weit, dass ich nur für diese Fajitas (und ein paar Beilagen) den Grill anfeuere, denn dieses rauchige Aroma lässt sich in der Küche nicht nachahmen. Egerlinge, Paprika und rote Zwiebel werden mit Gewürzen bestrichen, dann gegrillt, bis es brutzelt, und schließlich in warmen Wraps serviert. Gekrönt wird der Genuss mit dem Saft der gerösteten Limettenspalten und Pickles in Pink.

1 TL mildes Chilipulver
1 TL geräuchertes Paprikapulver
½ TL getrockneter Oregano
¼ TL Zimtpulver
Meersalz
1 guter EL Tomatenketchup
3 EL Sonnenblumenöl
12 Egerlinge, geputzt
1 gelbe Paprikaschote, entkernt und in breite Streifen geschnitten
1 rote Paprikaschote, entkernt und in breite Streifen geschnitten
1 große rote Zwiebel, in Spalten geschnitten
1 unbehandelte Limette, geviertelt
4 große Tortillas
½ Kopf Eisbergsalat, in Streifen geschnitten
1 Handvoll Koriandergrün, frisch geschnitten
Pickles in Pink (siehe S. 125) zum Garnieren

1 Chili-, Paprikapulver, Oregano, Zimt und 1 TL Meersalz in einer Schüssel mischen. Ketchup und Öl zufügen und gut vermengen. Einige Minuten durchziehen lassen.

2 Pilze, Paprika und Zwiebel auf vier Spieße stecken (je 3 Pilze, 3–4 Paprikastreifen und 3–4 Zwiebelspalten). Großzügig mit der Würzölmischung bestreichen, bis alles rundum bedeckt ist.

3 Die Spieße auf den heißen Rost legen und 10–12 Minuten grillen. Häufig wenden, damit sie gleichmäßig gegart werden. Dabei mit Würzöl bestreichen, falls etwas übrig geblieben ist.

4 Die Limettenspalten auf den Rost legen und 3–4 Minuten grillen, bis sich Röststreifen zeigen. Dabei einmal wenden.

5 Die Gemüsespieße vom Grill nehmen und einige Minuten ziehen lassen. Inzwischen die Tortillas auf den Rost legen und einige Sekunden grillen, bis sich Röststreifen zeigen.

6 Die Tortillas auf Servierteller verteilen und jeweils mit Salatstreifen belegen. Das Gemüse von den Spießen schieben und auf die Fladen geben (Gemüse von einem Spieß pro Tortilla). Mit dem Saft der gegrillten Limette beträufeln und mit Koriandergrün sowie Pickles in Pink garnieren. Die Fajitas aufrollen und sofort servieren.

HEISSER TIPP

Am Spieß lässt sich das Gemüse für die Fajitas schneller grillen, da ihr nicht jedes Stück einzeln mit der Zange umdrehen müsst. Stattdessen wendet ihr den Spieß, sodass alles gleichzeitig gedreht wird.

BEAN BURGER MIT ERDNUSS-BUTTER, CHILI JAM UND MINIBREZELN

BARBECUE-GARTEMPERATUR:
mittlere Hitze

FÜR 6 PERSONEN

Ein wirklich guter Bean Burger besitzt Seltenheitswert: Entweder ist die Zubereitung recht kompliziert, er fällt halb auseinander oder hat keinerlei Raffinesse. Nicht dieses Rezept, das ich schon seit Jahren liebe – besonders vom Grill. Mild gewürzt und mit üppiger Erdnussbutter verfeinert, dann mit klebriger Chilimarmelade glasiert, die beim Karamellisieren an Schärfe verliert. Zur Krönung kommen kleine Salzbrezeln obenauf ins geröstete Brötchen. Bereitet die Burgerpattys im Voraus zu und stellt sie über Nacht in den Kühlschrank. Dieser Burger kommt bei allen gut an und wird garantiert ein Partyhit.

400 g schwarze Bohnen (aus der Dose), abgespült und abgetropft
400 g rote Kidneybohnen (aus der Dose), abgespült und abgetropft
4 EL kernige Haferflocken
4 Frühlingszwiebeln, fein gehackt
2 EL cremige Erdnussbutter
½ TL mildes Chilipulver
½ TL geräuchertes Paprikapulver
1 Prise Zimtpulver
1 kleine Handvoll Koriandergrün, frisch geschnitten
Meersalz und schwarzer Pfeffer aus der Mühle
2 EL Sonnenblumenöl
2 EL Chili Jam (Chilimarmelade; alternativ ein würziges Chutney)
6 Hamburger-Brötchen
6 Eisbergsalatblätter
1 Ochsenherztomate, in feine Scheiben geschnitten
Minibrezeln zum Garnieren

Abbildungen siehe nächste Seite sowie S. 18 und S. 25

1 Beide Bohnensorten mit Küchenpapier trocken tupfen. Dann mit Haferflocken, Frühlingszwiebeln, Erdnussbutter, Chili- und Paprikapulver, Zimt, Koriandergrün sowie 1 Prise Salz und Pfeffer im Standmixer per Pulse-Funktion zu einer leicht stückigen Masse mit noch einigen ganzen Bohnen verarbeiten (dabei ggf. mit dem Pfannenwender herunterschieben).

2 Jeweils 2 EL der Mischung zu einem Patty formen oder in einer Burgerpresse flach drücken (2,5–3 cm Dicke). Die sechs Pattys auf einen Teller legen und mit Frischhaltefolie abdecken. Über Nacht oder mindestens 6 Stunden kalt stellen.

3 Die Burgerpattys aus dem Kühlschrank nehmen und rundum mit 1 EL Öl bepinseln. Auf den heißen Rost legen und 4–5 Minuten knusprig und goldbraun grillen. Vorsichtig wenden (am besten mit einem flachen Pfannenwender).

4 Übriges Öl und Chili Jam in einer kleinen Schüssel vermengen. Sobald die Pattys von beiden Seiten angebräunt sind, mit der Öl-Chili-Mischung bestreichen und von beiden Seiten jeweils 1 weitere Minute grillen.

5 Die Brötchen leicht rösten und mit Salat und Tomatenscheiben belegen. Pattys auflegen und jeweils mit einigen Minibrezeln garnieren. Heiß genießen.

HEISSER TIPP

Die Burgerpattys 4–5 Minuten von einer Seite grillen, bis sie knusprig und fest sind. Erst dann wenden, da sie sonst möglicherweise zerfallen.

CHAMPIGNONS MIT PIZZAFÜLLUNG
UND KNUSPRIGEN CROÛTONS

BARBECUE-GARTEMPERATUR:
mittlere Hitze

FÜR 4 PERSONEN

Diese saftigen, fleischigen Champignons werden mit typischem Pizzabelag gefüllt und mit knusprigen Croûtons gekrönt! Der beim Barbecue entstehende Rauch verfeinert die Pilze mit einem Aroma, das man im Backofen einfach nicht hinbekommt. Wer will, kann noch 1 Handvoll geriebenen veganen Käse darüberstreuen.

- 4 große flache Champignons, geputzt und Stiele entfernt
- 1 EL natives Olivenöl extra
- 4 EL Tomatenmark
- 1 gute Prise getrockneter Oregano
- ½ gelbe Paprikaschote, entkernt und gewürfelt
- 4 entsteinte grüne Oliven, in Ringe geschnitten
- 2 Kirschtomaten, halbiert
- Meersalz und schwarzer Pfeffer aus der Mühle
- 8 Croûtons
- 1 Handvoll Rucola

1 Die Oberseiten der Pilzkappen mit Olivenöl bepinseln.

2 Die Innenseiten der Pilzkappen mit Tomatenmark bestreichen und mit Oregano bestreuen. Paprikawürfel, Oliven und Tomaten in die Pilze füllen und mit 1 guten Prise Salz und Pfeffer würzen.

3 Die Pilze mit der Füllung nach oben auf den Rost legen. 5 Minuten grillen, dann den Deckel des Grills auflegen (oder den Grill lose mit Alufolie abdecken, falls euer Grill keinen Deckel hat) und weitere 5 Minuten garen, bis die Füllung weich wird.

4 Vom Grill nehmen und jeden Champignon mit 2 Croûtons garnieren. Mit Rucola belegen und heiß servieren.

HEISSER TIPP

Für dieses Rezept könnt ihr ruhig gekaufte Croûtons nehmen. Oder ihr schneidet 1 dicke Scheibe Weißbrot in Stücke und gebt sie mit 1 EL Olivenöl und 1 Prise Salz auf ein Backblech. Im vorgeheizten Backofen bei 180 °C 8–10 Minuten rösten, bis sie schön goldbraun und knusprig sind.

APFEL-KÜRBIS-PILZ-SPIESSE
MIT THYMIANÖL

BARBECUE-GARTEMPERATUR:
mittlere Hitze

FÜR 4 PERSONEN

Dieses herzhaftes Gericht und eine herrliche Kombination von Aromen sorgen rundum für Zufriedenheit. Die fleischigen Egerlinge haben eine nussige Note, die anderen kleinen Pilzen fehlt. Diese Kombination ist einfach perfekt für ein Spätsommer-Barbecue, obwohl ich den Grill bekanntermaßen auch schon an einem trockenen Oktobertag angefeuert habe, um diese herbstlich schmeckenden Spieße zuzubereiten!

- 2 gute EL natives Olivenöl extra
- 2 Zweige frischer Thymian
- 1 Butternut-Kürbis, geschält, halbiert, entkernt und in mundgerechte Stücke geschnitten
- 12 Egerlinge, geputzt
- 2 rote Äpfel, geputzt und in mundgerechte Stücke geschnitten
- Meersalz und schwarzer Pfeffer aus der Mühle

1 Das Öl in eine kleine Schüssel geben. Die Thymianblättchen von den Zweigen streifen und in das Öl einrühren. 10–15 Minuten ziehen lassen.

2 Kürbis-, Pilz- und Apfelstücke auf Metallspieße stecken (je ca. 4 Kürbisstücke, 3 Egerlinge und 3 Apfelstücke). Großzügig mit dem Thymianöl bestreichen.

3 Die Spieße auf den Rost legen und 15–20 Minuten grillen. Bei Bedarf mit mehr Öl bestreichen. Häufig wenden, bis der Kürbis weich ist und die Pilze und Apfelstücke an einigen Stellen angebräunt sind.

4 Vorsichtig vom Grill nehmen und mit 1 Prise Salz und Pfeffer würzen. Als Spieße servieren, sodass die Gäste die Stücke selbst auf ihren Teller schieben können.

HEISSER TIPP

Butternut-Kürbis und Apfel lassen sich leichter auf Metallspieße stecken als auf eingeweichte Holzspieße, die dabei gern durchbrechen.

KARIBISCHE BLUMENKOHL-»STEAKS«
MIT SALSA VON ANANAS UND SCHWARZEN BOHNEN

BARBECUE-GARTEMPERATUR:
mittlere Hitze

FÜR 4 PERSONEN

Diese Blumenkohlsteaks werden in einer duftenden, würzigen Joghurtsauce mariniert und anschließend gegrillt. Mit der fruchtigen Ananas-Bohnen-Salsa wird daraus ein erfrischendes Gericht, das nach Urlaub schmeckt. Besonders gut passen dazu die schlichten Backkartoffeln mit Salzkruste (siehe S. 82).

4 gute EL Kokosjoghurt
1 TL Jerk-Gewürzmischung
½ TL geräuchertes Paprikapulver
½ TL Zimtpulver
½ TL mildes Chilipulver
1 Prise schwarzer Pfeffer aus der Mühle
2 EL Sonnenblumenöl
2 große Köpfe Blumenkohl, Hüllblätter entfernt

Für die Salsa
400 g schwarze Bohnen (aus der Dose), abgespült und abgetropft
½ kleine frische Ananas, geschält, Strunk entfernt und gewürfelt
4 cm Gurke, gewürfelt
2 Frühlingszwiebeln, fein gehackt
1 Handvoll Koriandergrün, frisch geschnitten
frisch gepresster Saft von ½ unbehandelten Limette
Meersalz

1 Kokosjoghurt, Jerk-Gewürzmischung, Paprika-, Zimt- und Chilipulver sowie Pfeffer in einer großen Schüssel vermengen. Das Sonnenblumenöl einrühren, dann beiseitestellen.

2 Einen der Blumenkohlköpfe auf ein Schneidebrett stellen und längs zwei »Steaks« aus dem Mittelteil schneiden. Dabei am Strunk orientieren, um den festen Teil des Blumenkohls zu erwischen (Verwertung der restlichen Röschen siehe »Heißer Tipp«). Mit dem anderen Blumenkohl ebenso verfahren. Die Blumenkohlsteaks in die Joghurtmischung tauchen, sodass sie rundum bedeckt sind. 1–2 Stunden marinieren.

3 Inzwischen für die Salsa Bohnen, Ananas, Gurke, Frühlingszwiebeln und Koriandergrün in einer Schüssel vermengen. Den Limettensaft zufügen und mit 1 Prise Salz abschmecken. Beiseitestellen.

4 Die Blumenkohlsteaks leicht schütteln, damit überschüssiger Joghurt abtropft. Auf dem heißen Rost 8–10 Minuten von jeder Seite grillen, bis sie goldbraun und zart sind.

5 Die Steaks auf Teller legen, reichlich Salsa darüberlöffeln und servieren.

HEISSER TIPP

Für dieses Rezept braucht ihr unbedingt die festen »Steaks« aus der Mitte des Blumenkohls. Die restlichen Röschen könnt ihr zum Beispiel für Blumenkohl und Mango in würziger Joghurtmarinade (siehe S. 44), ein sommerliches Kokosmilchcurry oder mit Barbecuesauce für Blumenkohl-Wings aus dem Backofen verwenden!

GEGRILLTER KATSU-BURGER
MIT WASABI-MAYO

BARBECUE-GARTEMPERATUR:
mittlere–starke Hitze

FÜR 2 PERSONEN

Mit diesem zarten, knusprigen Tofu-Burger bringt ihr euer japanisches Lieblingsgericht auf den Grillteller. Der Tofu wird zuerst in Katsu-Sauce, dann im hellgoldenen Panko-Paniermehl gewendet. Ein Teil des Rezepts wird auf dem Herd vorgekocht, ein weiterer Teil wird gegrillt. Zum Schluss stellt ihr alles direkt am Grill zusammen, sodass ihr den Burger ganz frisch genießen könnt. Wer will, serviert dazu Pickles in Pink und eine angebräunte Limettenspalte.

Für die Katsu-Sauce
- 1 EL Sonnenblumenöl
- 1 Zwiebel, grob gehackt
- 1 Karotte, geschält und grob gewürfelt
- 2 cm Ingwer, geschält und grob gehackt
- 2 Knoblauchzehen, in Scheiben geschnitten
- 1 EL mildes Currypulver
- 400 ml Kokosmilch (aus der Dose)
- 2 TL Ahornsirup
- 2 TL Sojasauce
- 1 TL Speisestärke

Für die Wasabi-Mayo
- 1 EL vegane Mayonnaise
- 1 TL Wasabi-Paste

Für die Burger
- 6 EL Panko (japanisches Paniermehl)
- 280 g gepresster extrafester Tofu (siehe S. 20), trocken getupft, horizontal in 2 Scheiben geschnitten
- 1 EL Sonnenblumenöl
- 2 Hamburger-Brötchen mit Sesam (vegan)
- Pickles in Pink (siehe S. 125) zum Garnieren

Abbildung siehe auch S. 122–123

1 Für die Katsu-Sauce Öl in einer Pfanne auf dem Herd erhitzen, Zwiebel und Karotte zufügen und bei mittlerer Hitze 3–4 Minuten weich braten. Ingwer, Knoblauch und Currypulver zugeben und weitere 2 Minuten braten. Kokosmilch, Ahornsirup und Sojasauce zugießen und 15 Minuten garen.

2 Im Standmixer zu einer glatten Sauce verarbeiten, dann wieder in die Pfanne gießen. Die Speisestärke mit 2 EL Wasser verquirlen, zur Sauce geben und bei mittlerer Hitze unter Rühren 10 Minuten köcheln lassen, bis die Sauce eindickt. In einer großen Schüssel beiseitestellen.

3 Für die Wasabi-Mayo Mayonnaise und Wasabi-Paste in einer Schüssel verrühren und zur Seite stellen.

4 Panko in einer Pfanne ohne Fett auf dem Herd 2–3 Minuten unter Rühren goldgelb rösten. Vom Herd nehmen und auf einem Teller beiseitestellen.

5 Die Tofuscheiben mit Öl bestreichen. Auf den heißen Rost legen und 4–5 Minuten grillen. Dann wenden und von der anderen Seite goldbraun rösten.

6 Die Scheiben vom Grill nehmen und in die Katsu-Sauce tauchen, sodass sie rundum bedeckt sind. Überschüssige Sauce abschütteln. Die Tofuscheiben anschließend im Panko wenden. Vorsichtig wieder auf den Rost legen und bis zu 30 Sekunden durcherhitzen.

7 Die Brötchen einige Sekunden anrösten. Mit den Tofuscheiben belegen, mit Wasabi-Mayo verfeinern und mit Pickles in Pink garnieren.

PILZWÜRSTE »MASALA«

BARBECUE-GARTEMPERATUR:
schwache–mittlere Hitze

ERGIBT 6 STÜCK

Diese knusprigen Würste sind mit fleischigen, fein gewürzten Pilzen gefüllt und erhalten auf dem Grill ein feines Raucharoma. Ihr könnt die Würste einige Stunden im Voraus zubereiten und auf einem leicht eingeölten Teller aufbewahren (so haften sie nicht daran). Dazu passen perfekt Knoblauch-Naan-Brote (siehe S. 94) und ein Klecks Mango-Chutney.

- 1 EL Sonnenblumenöl, plus 1 EL zum Bestreichen
- 250 g Egerlinge, geputzt und grob gewürfelt
- 1 TL Senfkörner
- ½ TL gemahlener Kreuzkümmel
- ½ TL getrocknete Chiliflocken
- 2 Knoblauchzehen, zerdrückt
- 2 Frühlingszwiebeln, fein gehackt
- 1 große Handvoll frisches Koriandergrün
- 6 EL kernige Haferflocken
- Meersalz und schwarzer Pfeffer aus der Mühle
- 3 Blatt Reispapier

HEISSER TIPP

Reispapier gibt es im Supermarkt bei den Zutaten aus aller Welt. Einige Reispapiere bestehen aus Tapiokastärke: Sie sind durchsichtig und eignen sich bestens als Hülle für vegane Würste. Nur nicht mit den Teigblättern für knusprige chinesische Frühlingsrollen verwechseln!

1 Das Öl in einer großen Pfanne bei mittlerer bis hoher Temperatur auf dem Herd erhitzen und die Pilze zufügen. 3–4 Minuten braten, bis sich ihr Duft entfaltet. Dann Senfkörner, Kreuzkümmel, Chiliflocken, Knoblauch und Frühlingszwiebeln zugeben und unter häufigem Rühren weitere 2 Minuten braten. Vom Herd nehmen und das Koriandergrün untermischen.

2 Die Haferflocken im Standmixer einige Sekunden zerkleinern. Zusammen mit der Pilzmischung sowie 1 guten Prise Salz und reichlich Pfeffer im Mixer zu einer groben Masse verarbeiten.

3 Eine große Schüssel mit warmem Wasser füllen. Eine saubere Arbeitsfläche oder ein Schneidebrett sowie einen Teller für die rohen Würste mit etwas Sonnenblumenöl bestreichen. 1 Blatt Reispapier 3–5 Sekunden ins Wasser tauchen, bis es weich wird. Herausnehmen und auf die Arbeitsfläche legen. Das Reispapier mit einem Messer halbieren.

4 In der Mitte jeder Reispapierhälfte 1 EL Pilzmasse platzieren, dann längs in Wurstform verteilen. Die Längsseiten des Reispapiers über die Füllung klappen, danach die Enden einschlagen oder zusammendrehen. Auf den eingeölten Teller legen. Mit den übrigen Reispapierblättern und der Wurstfüllung ebenso verfahren.

5 Die Würste mit etwas Öl bestreichen und vorsichtig auf den Rost legen. 12–15 Minuten grillen. Alle paar Minuten wenden, damit sie gleichmäßig gebraten und knusprig werden.

COOLING-COALS MOUSSAKA

BARBECUE-GARTEMPERATUR:
schwache Hitze

FÜR 4 PERSONEN

Nutzt die Restwärme des Barbecues und grillt die Auberginenscheiben über der langsam abkühlenden Holzkohle, denn nur so erhaltet ihr das köstliche Räucheraroma. Anschließend packt ihr die Aubergine in die Moussaka, zwischen Schichten aus üppigem Tomaten-Linsen-»Hack« und mit Muskatnuss aromatisiertem Joghurt. Dazu serviert ihr knuspriges Brot, vegane Butter und einen grünen Salat.

2 Auberginen, längs in feine Scheiben geschnitten
1 EL natives Olivenöl extra

Für das Tomaten-Linsen-»Hack«

1 EL natives Olivenöl extra
1 Zwiebel, gehackt
3 Knoblauchzehen, zerdrückt
1 TL getrockneter Oregano
1 TL Paprikapulver
½ TL Zimtpulver
400 g stückige Tomaten (aus der Dose) von guter Qualität
400 g grüne Linsen (aus der Dose), abgespült und abgetropft
Meersalz und schwarzer Pfeffer aus der Mühle
1 Handvoll glatte Petersilie, frisch geschnitten

Für die Joghurtsauce

8 EL ungesüßter Natur-Sojajoghurt
1 Prise frisch geriebene Muskatnuss
1 Prise Meersalz

1 Die Auberginen auf einen Teller legen und beide Seiten mit Olivenöl bestreichen. Auf dem Rost verteilen, wenn die Holzkohle allmählich abkühlt. Die Scheiben 8–15 Minuten grillen, bis sich auf jeder Seite Röststreifen zeigen (die Grilldauer variiert je nach Resthitze der Holzkohle). Vom Grill nehmen und beiseitestellen.

2 Öl und Zwiebel bei mäßighoher Hitze in einer Pfanne auf dem Herd 2–3 Minuten anbraten, bis die Zwiebel weich wird. Knoblauch, Oregano, Paprikapulver und Zimt zufügen und unter ständigem Rühren 1 weitere Minute braten.

3 Tomaten und grüne Linsen zugeben, auf mittlere Temperatur reduzieren und unter gelegentlichem Rühren 15 Minuten köcheln lassen. Mit 1 guten Prise Salz und Pfeffer abschmecken und die Petersilie untermischen.

4 Den Backofen auf 180 °C vorheizen. Inzwischen die Zutaten für die Joghurtsauce in einer Schüssel vermengen.

5 Abwechselnd 5 Auberginenscheiben, Tomaten-Linsen-»Hack« und Joghurtsauce in einer tiefen Backform in vier bis fünf Schichten verteilen. Die Moussaka im Ofen 30–35 Minuten backen.

HEISSER TIPP

Falls ihr die Moussaka nicht gleich am selben Tag zubereiten wollt, könnt ihr die Auberginenscheiben bis zu 2 Tage im Kühlschrank aufbewahren, wenn ihr sie mit etwas zusätzlichem Olivenöl beträufelt.

GEGRILLTE WASSERMELONE
MIT GRÜNEM THAI-CURRY

BARBECUE-GARTEMPERATUR:
starke Hitze

FÜR 4 PERSONEN

Wer noch nie gegrillte Wassermelone probiert hat, wird von der fleischigen Konsistenz verblüfft sein, die man bei Obst nicht unbedingt erwartet – auf dem cremigen Kokoscurry zudem ein richtiger Hingucker. Ich koche gern Outdoor-Curry, denn da macht nicht nur das Essen Spaß, sondern auch die Zubereitung! Dazu Nussigen Reissalat (siehe S. 117) und Klebrigen Brokkoli (siehe S. 79) servieren.

- 1 EL Sonnenblumenöl, plus 1 EL zum Bestreichen
- 2 Frühlingszwiebeln, fein gehackt
- 2 Knoblauchzehen, zerdrückt
- 1 rote Chilischote, entkernt und in feine Ringe geschnitten
- 8 Stangen Baby-Brokkoli (auch Broccolini oder Bimi; langstielige Brokkolisorte)
- 8 Stangen grüner Spargel, holzige Enden entfernt
- 8 Zuckerschoten, längs halbiert
- 4 Baby-Maiskölbchen, längs halbiert
- 4 EL Edamamebohnen (frisch oder TK)
- 1 gehäufter EL grüne Thai-Currypaste (vegan)
- 400 ml Kokosmilch (aus der Dose)
- 1 EL Sojasauce
- ½ Wassermelone, längs in 3 Spalten und Fruchtfleisch in 1 cm breite Dreiecke geschnitten
- 2 unbehandelte Limetten, halbiert
- Meersalz
- 1 Handvoll gesalzene Erdnusskerne, grob gehackt
- 1 Handvoll Koriandergrün, frisch geschnitten

1 Eine für den Grill geeignete schmiedeeiserne Pfanne (30 cm Ø) auf dem Grill erhitzen und 1 EL Öl hineingeben. Frühlingszwiebeln, Knoblauch und Chili darin verteilen und 1–2 Minuten anbraten.

2 Brokkoli, Spargel, Zuckerschoten und Baby-Maiskölbchen zufügen und unter häufigem Rühren 2–3 Minuten braten.

3 Edamamebohnen und Thai-Currypaste untermischen. Die Kokosmilch zugießen und alles 15–20 Minuten köcheln lassen, bis das Gemüse weich ist. Die Sojasauce einrühren.

4 Inzwischen die Wassermelone mit etwas Öl bestreichen und auf den Rost legen. 4–5 Minuten grillen, bis sie weich ist und sich Röststreifen bilden. Mit der Grillzange wenden und von der anderen Seite weitere 4–5 Minuten grillen. Die Limetten mit der Schnittseite nach unten auf den Rost legen und 3–5 Minuten anbräunen.

5 Wassermelone und Limette mit 1 Prise Meersalz bestreuen. Die Melone auf das Curry legen. Mit Erdnüssen und Koriandergrün bestreuen und mit den Limettenhälften zum Auspressen servieren.

HEISSER TIPP

Das Thai-Curry lässt sich leicht auf dem Grill zubereiten. Ihr solltet nur alle Zutaten vorbereitet und zur Hand haben. Oder ihr bereitet das Curry im Voraus auf dem Herd zu und garniert es dann nur noch mit der gegrillten Wassermelone.

BARBECUE BEILAGEN

GAZPACHO MIT GEGRILLTEN TOMATEN

BARBECUE-GARTEMPERATUR:
mittlere Hitze

FÜR 4 PERSONEN

Perfekt für ein sommerliches Mittagessen oder als Amuse-Bouche – die gerösteten Tomaten verleihen der gekühlten Suppe wunderbare Tiefe. Am besten schmeckt sie, wenn ihr verschiedene Sorten reifer Tomaten verwendet. Stellt die Gazpacho mindestens 1 Stunde in den Kühlschrank (je länger, desto besser), damit sich die Aromen verbinden und intensivieren. Gekühlt in kleinen Gläsern servieren.

600 g Tomaten unterschiedlicher Größe und Farbe
1 EL natives Olivenöl extra, plus mehr zum Beträufeln
¼ Gurke, grob gewürfelt
1 TL Apfelessig
1 Prise feinster Zucker
1 Prise Lebkuchengewürz
Meersalz und schwarzer Pfeffer aus der Mühle
1 Handvoll kleine frische Basilikumblätter

1 Kleine Tomaten auf Spieße stecken, große Tomaten halbieren. Beide Varianten mit Olivenöl bestreichen.

2 Spieße und Tomatenhälften (Schnittseite nach unten) auf den Rost legen. 10–15 Minuten grillen, bis die Haut Blasen wirft und an einigen Stellen Röststreifen aufweist. Dabei die Spieße und Tomatenhälften alle paar Minuten wenden.

3 Die Tomaten vom Grill nehmen. Mit Gurke, Apfelessig, Zucker, Lebkuchengewürz sowie 1 guten Prise Salz und Pfeffer im Standmixer zu einer glatten Suppe pürieren.

4 Nach Bedarf nochmals mit Salz und Pfeffer abschmecken.

5 Mindestens 1 Stunde in den Kühlschrank stellen. Kurz vor dem Servieren mit Basilikumblättern bestreuen und mit etwas Olivenöl beträufeln.

HEISSER TIPP

Als knuspriges Topping die Suppe mit gewürfeltem Staudensellerie, Mandelblättchen oder -stiften und glatter Petersilie garnieren.

MARINIERTE ANTIPASTI

BARBECUE-GARTEMPERATUR: mittlere–starke Hitze

FÜR 6 PERSONEN

Die saisonalen Köstlichkeiten des Sommers könnt ihr selbst in Gemüse-Antipasti verwandeln. Dazu serviert ihr warmes Brot, Oliven und Balsamicoessig oder Backkartoffeln mit Salzkruste (siehe S. 82). Oder ihr füllt die Mischung in saubere Gläser und verschenkt sie an Freunde und Familie. Verwendet ein fruchtiges natives Olivenöl extra von guter Qualität.

- 6 EL natives Olivenöl extra von guter Qualität, plus mehr zum Beträufeln
- 2 Zweige frischer Thymian, Blättchen abgezupft
- 1 Prise getrocknete Kräutermischung
- Meersalz und schwarzer Pfeffer aus der Mühle
- 1 rote Paprikaschote, entkernt und geviertelt
- 1 grüne Paprikaschote, entkernt und geviertelt
- 1 gelbe Paprikaschote, entkernt und geviertelt
- 1 Zucchini, schräg in grobe Scheiben geschnitten
- 200 g Strauchtomaten (an der Rispe)
- 1 EL Apfelessig
- 2 Knoblauchzehen, zerdrückt

1 Olivenöl, Thymian, Kräutermischung, ½ TL Salz und 1 gute Prise Pfeffer in einer großen Schüssel mischen. Das Gemüse mit etwas Kräuteröl bestreichen. Übriges Öl in der Schüssel beiseitestellen.

2 Paprika, Zucchini und Tomaten auf den heißen Rost legen und 3–5 Minuten von jeder Seite grillen, bis sie weich sind und sich Röststreifen zeigen.

3 Das fertig gegarte Gemüse in die Schüssel mit dem Kräuteröl geben. Mit mehr Olivenöl beträufeln, Apfelessig und Knoblauchzehen zufügen und alles gut unterheben. Mindestens 1 Stunde durchziehen lassen – und schon habt ihr superfeine Antipasti.

HEISSER TIPP

Nach dem Grillen steckt das Gemüse voll unschlagbarer Raucharomen. Falls ihr es allerdings im Voraus zubereiten möchtet, könnt ihr eine Grillpfanne auf den Herd stellen und das Gemüse darin von beiden Seiten braten, bis es Röststreifen aufweist und weich ist.

FRUCHTIGE BRUSCHETTA

BARBECUE-GARTEMPERATUR:
starke Hitze

FÜR 4 PERSONEN

Bruschetta schmeckt einfach nach Sommer, besonders wenn das leicht geröstete Brot mit süßsäuerlichen reifen Tomaten und Basilikum belegt ist. Ihr könnt es als Appetithäppchen mit einem spritzig-zitronigen Aperitif servieren.

200 g gemischte kleine Tomaten, grob geviertelt
1 große Handvoll Basilikumblätter, frisch geschnitten
2 Stängel Dill, frisch geschnitten
Meersalz und schwarzer Pfeffer aus der Mühle
1 Schuss natives Olivenöl extra von guter Qualität
1 knuspriges weißes Stangenbrot, in 1 cm dicke Scheiben geschnitten

1 Tomaten, Basilikum und Dill in einer Schüssel vermengen und mit 1 guten Prise Salz und Pfeffer würzen. Das Olivenöl untermischen.

2 Die Brotscheiben auf den heißen Rost legen und 2 Minuten grillen, bis sich Röststreifen zeigen. Dann mit der Grillzange wenden und weitere 2 Minuten rösten.

3 Die Scheiben vom Grill nehmen und auf einen Servierteller legen. Mit der Tomatenmischung krönen und noch heiß servieren.

HEISSER TIPP

Nehmt eine bunte Mischung reifer kleiner Tomaten in Rot, Grün und Orange. In vielen Supermärkten gibt es fertige Mischpackungen. Oder ihr wählt sie selbst aus.

OLIVENFLADENBROTE

BARBECUE-GARTEMPERATUR:
starke Hitze

ERGIBT 4 STÜCK

Fladenbrote kann man leicht selbst backen. Auf dem Grill nehmen sie nicht nur das rauchige Aroma an, sondern gehen sogar etwas auf. Die perfekte Ergänzung zu Aubergine mit Tamarinde (siehe S. 30) oder No-Meat-Bällchen mit Kräutern in Arrabbiata-Sauce (siehe S. 51). Genießt sie ganz frisch vom Grill.

300 g Weizenmehl (Type 812), plus mehr zum Arbeiten
1 Pck. (7 g) Trockenhefe
1 TL Meersalz
1 Prise Zucker
1 EL natives Olivenöl extra, plus mehr zum Bestreichen
2 EL ungesüßter Natur-Sojajoghurt
6 entsteinte grüne Oliven, in Ringe geschnitten

Abbildung siehe nächste Seite

1 Mehl, Hefe, Salz und Zucker in einer großen Schüssel vermengen.

2 Olivenöl, Sojajoghurt und 120 ml warmes Wasser zufügen und alles zu einem Teig verarbeiten.

3 Eine saubere Arbeitsfläche mit etwas Mehl bestäuben und den Teig darauf 10 Minuten kneten.

4 Den Teig in vier gleich große Stücke schneiden (halbieren, dann nochmals halbieren). Mit der Schüssel abdecken und an einem warmen Ort 30 Minuten gehen lassen.

5 Jeweils ein Viertel der Olivenringe in jedes Teigstück drücken und vorsichtig einarbeiten. Mit der Hand oder dem Nudelholz jeweils zu Fladenbroten flach drücken.

6 Beide Seiten der Brote mit Olivenöl bestreichen. Auf dem heißen Rost 4–5 Minuten von jeder Seite grillen, bis die Fladenbrote leicht angebräunt und aufgegangen sind.

HEISSER TIPP

Statt Oliven könnt ihr auch frische Kräuter wie Dill und Petersilie nehmen. Oder ihr knetet sonnengetrocknete Tomaten in den Teig, und schon habt ihr verschiedene Varianten dieses klassischen Grillbrots.

BAKED BEANS
MIT BRAUNEM ZUCKER

BARBECUE-GARTEMPERATUR: mittlere–starke Hitze. Für einen Bereich mit indirekter Hitze einen Teil der Holzkohle zur Seite schieben.

REICHLICH FÜR 4 PERSONEN

Lasst die Räucheraromen in die süßen Baked Beans einziehen. Diesen einzigartigen Geschmack kann kein Ofen erzeugen: Bei aufgelegtem Grilldeckel wird die Sauce schön dickflüssig und klebrig – einfach zum Reinlegen gut! Zu Bean Burger mit Erdnussbutter, Chili Jam und Minibrezeln (siehe S. 55) servieren.

- 1 EL Sonnenblumenöl
- 1 Zwiebel, in feine Scheiben geschnitten
- 1 rote Paprikaschote, entkernt und gewürfelt
- 2 TL Vollrohrzucker
- 1 TL getrockneter Oregano
- 1 TL geräuchertes Paprikapulver
- 1 Prise Zimtpulver
- 500 g passierte Tomaten von guter Qualität
- 800 g Riesenbohnen (aus der Dose), abgespült und abgetropft
- 1 EL Brown Sauce (auch HP-Sauce; aus dem Onlinehandel)
- Meersalz
- 1 Handvoll glatte Petersilie, frisch geschnitten

Abbildung siehe S. 56–57

1 Das Öl in einer für den Grill geeigneten schmiedeeisernen Pfanne (30 cm Ø) im Bereich der direkten Hitze erwärmen. Zwiebel und Paprika zufügen und 8–10 Minuten langsam anrösten, bis sie weich sind und die Zwiebel goldbraun ist.

2 Zucker, Oregano, Paprikapulver und Zimt zugeben und weitere 2 Minuten braten.

3 Passierte Tomaten, Riesenbohnen und Brown Sauce hinzufügen und alles gut vermengen, bis die Bohnen rundum gut bedeckt sind.

4 Die Pfanne in den Bereich mit indirekter Hitze schieben und den Grill mit dem Deckel oder mit Alufolie abdecken. Unter gelegentlichem Rühren 35–40 Minuten schmoren, bis die Mischung eingedickt ist und Blasen aufsteigen.

5 Die Baked Beans vom Grill nehmen und mit 1 guten Prise Salz abschmecken. Kurz vor dem Servieren mit Petersilie garnieren.

HEISSER TIPP

Die Brown Sauce, eine britische Gewürzsauce, sorgt für intensives Aroma. Falls ihr keine bekommt, gebt 1 TL Tamarindenpaste und 1 Prise mildes Chilipulver zu den Bohnen.

KLEBRIGER BROKKOLI
MIT SOJASAUCE, CHILI UND SESAM

BARBECUE-GARTEMPERATUR:
mittlere Hitze

FÜR 4 PERSONEN

Wenn es ums Grillen geht, nehme ich gern den langstieligen Baby-Brokkoli. Er wird an den Rändern schön knusprig und bekommt Röststreifen. Vor dem Grillen solltet ihr ihn mindestens 2 Stunden marinieren, nur so wird er herrlich klebrig (und macht geradezu süchtig!).

4 EL Sojasauce
1 EL Sonnenblumenöl
1 Prise getrocknete Chiliflocken
200 g Baby-Brokkoli (auch Broccolini oder Bimi; langstielige Brokkolisorte)
1 EL Sesamsamen
Meersalz

1 Sojasauce, Öl und Chiliflocken in einer großen Schüssel verquirlen. Den Brokkoli zufügen und darin wenden, bis er rundum gut bedeckt ist. Mindestens 2 Stunden marinieren.

2 Den Brokkoli auf ein oder zwei Metallspieße stecken, dann 5–6 Minuten auf dem heißen Rost grillen. Dabei mehrfach wenden, bis er weich und klebrig ist.

3 Den gegarten Brokkoli vorsichtig von den Spießen auf einen Servierteller schieben und mit Sesam sowie etwas Meersalz bestreuen.

HEISSER TIPP

Dieses Gericht schmeckt heiß oder kalt. Zusammen mit gegarten Edamamebohnen, Erdnusskernen und Brunnenkresse ergibt es einen beeindruckenden Salat.

GEGRILLTER SPARGEL
MIT ORANGE UND SCHWARZEM PFEFFER

BARBECUE-GARTEMPERATUR:
mittlere Hitze. Für einen Bereich mit indirekter Hitze einen Teil der Holzkohle zur Seite schieben.

FÜR 2 PERSONEN

Frischer Spargel vom Grill, verfeinert mit Orange, Schnittlauch und kräftigem schwarzem Pfeffer aus der Mühle. Heiß oder gekühlt ergibt der Spargel eine köstliche Beilage. Oder ihr verteilt ihn auf einem grünen Blattsalat.

Abrieb und frisch gepresster Saft von 1 unbehandelten Orange
1 Handvoll Schnittlauch, frisch geschnitten
1 gute Prise schwarzer Pfeffer aus der Mühle
250 g grüner Spargel, holzige Enden entfernt
1 EL natives Olivenöl extra
Meersalz

Abbildung siehe auch S. 68

1 Orangenabrieb und -saft, Schnittlauch und Pfeffer in einer langen Schüssel vermengen und beiseitestellen.

2 Die Spargelstangen auf Metallspieße stecken – das festere Stangenende lässt sich leichter aufspießen als die Spitze. Großzügig mit Olivenöl bestreichen.

3 Die Spieße in den Bereich mit indirekter Hitze legen. Unter mehrfachem Wenden 8–10 Minuten grillen, bis der Spargel weich und leicht angebräunt ist.

4 Die Spieße vom Grill nehmen, die Spargelstangen herunterschieben und in das Orangendressing legen. Wenden, bis sie gut davon bedeckt sind. Auf einem Servierteller anrichten und mit 1 guten Prise Meersalz bestreuen.

HEISSER TIPP

Wenn ihr den Spargel auf Spießen grillt, lassen sich die Stangen leichter wenden und fallen nicht so leicht zwischen den Stäben des Rosts hindurch.

BACKKARTOFFELN MIT SALZKRUSTE

BARBECUE-GARTEMPERATUR:
mittlere–starke Hitze

FÜR 4 PERSONEN

So sollten Backkartoffeln sein – außen knusprig-aromatisch, innen luftig-leicht und rundherum rauchig mit leichter Salznote. In der ersten Phase des Garprozesses zirkuliert der Dampf in der Folie, bis die Kartoffeln weich sind. Anschließend legt ihr sie direkt auf den heißen Grill, wo ihre Schale schön knusprig wird. Köstlich schmecken dazu Baked Beans mit braunem Zucker (siehe S. 78). Oder ihr genießt sie einfach nur mit veganer Butter.

4 große Kartoffeln, abgespült und gründlich trocken getupft
4 EL natives Olivenöl extra
4 TL Meersalzflocken

Abbildung siehe S. 56–57

1 Acht Stücke Alufolie ausbreiten (Größe jeweils passend für 1 Kartoffel).

2 Die Kartoffeln rundum mit einer Gabel einstechen und jeweils mit 1 EL Olivenöl einreiben.

3 Jede Kartoffel ringsherum mit 1 TL Meersalzflocken bestreuen, dann jeweils in Alufolie einschlagen und nochmals fest mit einem zweiten Folienstück umwickeln.

4 Die Kartoffeln auf dem heißen Rost 1 Stunde grillen und alle 10 Minuten drehen. Anschließend die Alufolie mit der Grillzange entfernen. Die Kartoffeln unter mehrfachem Wenden weitere 10 Minuten grillen, bis sie rundherum knusprig sind.

HEISSER TIPP

Ich grille diese Backkartoffeln oft in großen Mengen und friere sie ein. Wenn ihr irgendwann mal dringend eine rauchige Kartoffel mit Salzkruste braucht, taut ihr sie auf und erwärmt sie.

BUTTRIGE MAISKOLBEN MIT KORIANDER UND LIMETTEN

BARBECUE-GARTEMPERATUR:
mittlere–starke Hitze

FÜR 4 PERSONEN

Schlicht, aber umwerfend: Die Maiskolben könnt ihr schon im Voraus vorbereiten. Legt die Päckchen dann einfach auf den Grill, wenn es losgehen soll. Sie sind so vielseitig, dass sie zu fast allem passen.

- 4 Maiskolben, Hüllblätter nach Belieben entfernt
- 4 gehäufte TL zimmerwarme, weiche vegane Butter
- 1 Handvoll Koriandergrün, frisch geschnitten
- 2 gehäufte TL Meersalz
- 2 unbehandelte Limetten, halbiert

Abbildungen siehe S. 21 und S. 40–41

1 Acht Rechtecke aus Alufolie in zwei Lagen übereinander ausbreiten (Größe jeweils passend für 1 Maiskolben) und die Maiskolben darauflegen.

2 Butter, Koriandergrün und Salz in einer kleinen Schüssel vermengen. Dann jeweils 1 gehäuften TL der Mischung auf jeden Maiskolben geben. 1 Limettenhälfte neben den Mais in jedes Päckchen legen. Anschließend jeweils beide Folienschichten fest verschließen.

3 Unter häufigem Drehen 30–35 Minuten grillen, bis der Mais weich ist.

HEISSER TIPP

Die ganzen Maiskolben direkt aus den heißen Folienpäckchen servieren oder die Maiskörner längs von den Kolben schneiden und in eine Schüssel füllen. Genießt den Mais pur oder auf einem Salat.

PILAW MIT GERÖSTETEN MANDELBLÄTTCHEN UND ORANGE

AUS DER KÜCHE

FÜR 4 PERSONEN

Dieses Reisgericht könnt ihr im Voraus auf dem Herd zubereiten und zum Selbstbedienen in einer großen Schüssel servieren! Schmeckt köstlich kalt oder heiß zu verschiedensten Barbecue-Kombinationen. Besonders gut passen Blumenkohl und Mango in würziger Joghurtmarinade (siehe S. 44) und Pikanter Kartoffelsalat (siehe S. 120).

300 g weißer Basmatireis
500 ml heiße Gemüsebrühe
½ TL gemahlene Kurkuma
1 Zimtstange
2 Lorbeerblätter
2 EL Mandelblättchen
frisch gepresster Saft von ½ unbehandelten Orange
Meersalz
1 kleine Handvoll Koriandergrün, frisch geschnitten

1 Reis, Gemüsebrühe, Kurkuma, Zimtstange und Lorbeerblätter in einem Topf bei mittlerer Hitze auf dem Herd zum Kochen bringen. Unter gelegentlichem Rühren 15 Minuten kochen.

2 Vom Herd nehmen, sobald die Brühe vollständig aufgesogen ist. Einen Deckel auf den Topf legen und den Reis 10 Minuten durchziehen lassen.

3 Inzwischen die Mandelblättchen in einer Pfanne ohne Fett 2–3 Minuten goldbraun rösten. Dann beiseitestellen.

4 Den Topfdeckel abnehmen und Lorbeerblätter sowie Zimtstange entfernen. Den Reis mit einer Gabel auflockern. Den Orangensaft zugießen und mit 1 guten Prise Meersalz würzen. Koriandergrün und Mandelblättchen einrühren und den Pilaw servieren.

HEISSER TIPP

Wenn ihr dieses Reisgericht kalt servieren möchtet, solltet ihr es zuerst auf Zimmertemperatur abkühlen lassen, bevor ihr es in den Kühlschrank stellt. Am besten schmeckt der Reis am Tag der Zubereitung oder am folgenden Tag (im Kühlschrank aufbewahren). Gut durcherhitzen, falls ihr ihn dann warm servieren möchtet.

BARBECUE PATATAS BRAVAS

BARBECUE-GARTEMPERATUR:
starke Hitze

FÜR 4 PERSONEN

Patatas bravas sind ein Tapas-Klassiker und passen perfekt zu Drinks, als Appetizer, den ihr euren Gästen gleich nach der Ankunft serviert. Köstlich schmecken die Kartoffeln auch zu Rauchiger Paella mit Riesenbohnen und Oliven (siehe S. 36) und Salat mit gegrilltem Fenchel, Orange und Dill (siehe S. 113).

Für die Kartoffeln
Meersalz
12 kleine neue Kartoffeln
1 EL natives Olivenöl extra

Für die Sauce
1 EL natives Olivenöl extra
1 Zwiebel, gehackt
2 Knoblauchzehen, zerdrückt
1 TL edelsüßes Paprikapulver
1 gute Prise getrocknete Chiliflocken
300 g passierte Tomaten von guter Qualität
1 Prise Zucker
1 kleine Handvoll glatte Petersilie, frisch geschnitten
Meersalz und schwarzer Pfeffer aus der Mühle

Abbildung siehe S. 88–89

1 Einen großen Topf Salzwasser auf dem Herd zum Kochen bringen. Die Kartoffeln zufügen, 7–8 Minuten halb gar kochen, bis sie allmählich weich werden. Abseihen und mit Küchenpapier oder einem sauberen Geschirrtuch trocken tupfen.

2 Die Kartoffeln auf Metallspieße stecken, mit Olivenöl bestreichen und beiseitestellen.

3 Für die Sauce das Öl in einer für den Grill geeigneten schmiedeeisernen Pfanne (30 cm Ø) auf dem Grill erhitzen. Die Zwiebel im heißen Öl 2–3 Minuten braten, bis sie langsam weich wird. Knoblauch, Paprikapulver und Chiliflocken untermischen und unter ständigem Rühren 1 weitere Minute braten.

4 Passierte Tomaten und Zucker zugeben und bei mittlerer Hitze unter gelegentlichem Rühren 10 Minuten garen. Vom Grill nehmen und die Petersilie unterrühren. Mit 1 guten Prise Salz und Pfeffer abschmecken.

5 Bis dahin ist die Holzkohlenglut auf mittlere Temperatur abgekühlt. Die Kartoffelspieße vorsichtig auf den Rost legen und unter häufigem Wenden 10 Minuten grillen, bis sie angebräunt und weich sind.

6 Die Kartoffeln vom Grill nehmen und mit der Grillzange vom Spieß auf einen Servierteller schieben. Mit der Sauce beträufeln und heiß servieren.

HEISSER TIPP

Die Sauce könnt ihr bis zu 3 Tage im Voraus zubereiten und in einem geschlossenen Behälter im Kühlschrank aufbewahren. Vor der Verwendung in einem Topf oder in der Mikrowelle gut durcherhitzen.

PIMIENTOS DE PADRÓN MIT SALZ UND ESSIG

BARBECUE-GARTEMPERATUR:
mittlere Hitze

FÜR 2 PERSONEN

»Einige scharf und andere nicht«, lautet das traditionelle Sprichwort beim Verzehr von Pimientos de Padrón, da einem bei einer Schüssel mit diesen üblicherweise milden Paprikaschoten gelegentlich auch eine feuerscharfe unterkommt! Ein paar Tropfen Essig sorgen für einen Hauch von Säure. Die Pimientos schmecken köstlich zu Drinks oder als Tapas zu Barbecue Patatas bravas (siehe S. 86).

135 g Pimientos de Padrón (kleine grüne Paprikaschoten)
1 TL natives Olivenöl extra
Meersalz
einige Tropfen (Malz-)Essig

Abbildungen siehe S. 17 und nächste Seite

1 Die Pimientos de Padrón mit Olivenöl bestreichen und auf dem heißen Rost 8–10 Minuten grillen, bis die Haut Blasen wirft und teilweise schwarz wird.

2 Mit der Grillzange vom Rost nehmen und in einer Servierschale mit 1 guten Prise Meersalz bestreuen. Mit einigen Tropfen Essig beträufeln und heiß servieren.

HEISSER TIPP

Die Stiele nicht entfernen, sondern zum besseren Greifen nutzen, wenn ihr in die Pimientos beißt. Traditionell isst man sie mit einem Biss!

BAKED BEANS AUF ITALIENISCHE ART

BARBECUE-GARTEMPERATUR:
mittlere Hitze

REICHLICH FÜR 2 PERSONEN

Diese unkomplizierten Baked Beans werden auf dem Grill zubereitet und heiß serviert. Steckt einfach einen Schöpflöffel in den Topf, sodass sich alle selbst bedienen können. Die Bohnen könnt ihr auch gut einfrieren (so sind sie bis zu 3 Monate haltbar). Köstlich als Beilage zu den Mediterranen Würsten (siehe S. 48) mit Marinierten Antipasti (siehe S. 73) und Gegrillten Zucchini mit Zitronen-Dill-Joghurt (siehe S. 97).

1 EL natives Olivenöl extra
1 Zwiebel, gehackt
4 lange Blätter Cavolo nero (auch Schwarzkohl oder Palmkohl), harter Strunk entfernt und grob gehackt
2 Knoblauchzehen
1 Prise getrocknete Chiliflocken
1 Prise getrockneter Salbei
500 g passierte Tomaten von guter Qualität
1 Prise Zucker
800 g Cannellini-Bohnen (aus der Dose), abgespült und abgetropft
Meersalz und schwarzer Pfeffer aus der Mühle

1 Das Öl in einer für den Grill geeigneten schmiedeeisernen Pfanne (30 cm Ø) auf dem Grill erhitzen. Zwiebel und Cavolo nero im heißen Öl 3–5 Minuten braten, bis sie weich sind. Knoblauch, Chiliflocken und Salbei einrühren und die Mischung 1 weitere Minute garen, bis sie duftet.

2 Passierte Tomaten, Zucker und Cannellini-Bohnen zufügen und unter häufigem Rühren 15–20 Minuten köcheln.

3 Vom Grill nehmen und mit 1 guten Prise Salz und reichlich Pfeffer würzen.

HEISSER TIPP

Durch den Zucker reduziert sich die Säure der passierten Tomaten – nehmt normalen Kristallzucker oder feinsten Zucker.

RATATOUILLE IM ALUPÄCKCHEN

BARBECUE-GARTEMPERATUR:
mittlere–starke Hitze

FÜR 4 PERSONEN

Mit Ratatouille feiert ihr das Gemüse der Saison, und in den Alupäckchen lassen sich die Aromen dieses typisch französischen Gerichts ganz ohne Kleckern leicht genießen. Das Gemüse dämpft in der Folie bis zur Perfektion. Serviert die Portionen als geschlossene Päckchen, sodass eure Gäste etwas zum Auspacken haben. Dazu passen die Mediterranen Würste (siehe S. 48) und die Apfel-Kürbis-Pilz-Spieße mit Thymianöl (siehe S. 59).

1 Zucchini, längs halbiert und in Scheiben geschnitten
1 rote Zwiebel, geviertelt
1 rote Paprikaschote, entkernt und grob gewürfelt
8 entsteinte grüne Oliven
4 orange oder gelbe Kirschtomaten
1 große Tomate, geviertelt
4 EL natives Olivenöl extra
1 TL getrockneter Oregano
Meersalz und schwarzer Pfeffer aus der Mühle
1 Handvoll frische kleine Basilikumblätter

1 Zucchini, Zwiebel, Paprika, Oliven und Tomaten in einer Schüssel vermengen.

2 Olivenöl und Oregano unterrühren und die Mischung mit 1 guten Prise Salz und reichlich Pfeffer würzen.

3 Acht Stücke Alufolie ausbreiten. Die Gemüsemischung gleichmäßig auf vier Folienstücken verteilen (in der Mitte platzieren). Dann das Gemüse mit den Basilikumblättern bestreuen. Päckchen verschließen und jeweils fest in ein zweites Stück Alufolie wickeln.

4 Die Alupäckchen auf den Rost legen und 15–20 Minuten grillen, bis das Gemüse weich ist. Heiß servieren.

HEISSER TIPP

Ihr könnt das Gemüse bis zu 1 Tag im Voraus mit Olivenöl und Oregano mischen und im Kühlschrank aufbewahren. Zum Grillen auf die Alupäckchen verteilen.

TARTE MIT GARTENTOMATEN

AUS DER KÜCHE

FÜR 4 PERSONEN

Diese schlichte und zugleich elegante Tomatentarte wird im Voraus gebacken und warm oder kalt serviert – so schmeckt der Sommer! Tomaten und Teigboden sollten getrennt zubereitet werden, damit der Boden nicht durchweicht. Nehmt am besten eine bunte Mischung alter Sorten (grüne, gelbe und rote Tomaten). Wenn ihr die Tomaten auf einem für den Grill geeigneten schmiedeeisernen Backblech grillt, nehmen sie ein schönes Raucharoma an. Ich liebe sie als Beilage zu anderen Grillgerichten. Die Tarte ist auch perfekt, wenn ihr zum Grillen eingeladen seid und etwas mitbringen möchtet!

- 275 g Blätterteig (milchfrei; aus dem Kühlregal)
- 1 Knoblauchzehe, leicht zerdrückt
- 4 gemischte große Tomaten, in Scheiben geschnitten
- 6 gemischte kleine Tomaten, nach Belieben halbiert oder in Scheiben geschnitten
- 1 Schuss natives Olivenöl extra
- 1 kleine Handvoll Dill, frisch geschnitten
- einige Kapuzinerkresseblätter und -blüten (nach Belieben)
- Meersalz und schwarzer Pfeffer aus der Mühle

Abbildung siehe auch S. 11

1 Den Backofen auf 200 °C vorheizen.

2 Den Teig mit dem mitgelieferten Backpapier auf einem Backblech ausbreiten (ansonsten das Blech mit Backpapier auslegen und den Teig darauflegen). Dann die Ränder rundherum 2 cm nach oben ziehen, sodass ein Rand entsteht. Mit der Knoblauchzehe den Teigboden einreiben, danach die Zehe entsorgen. Den Boden mehrfach mit einer Gabel einstechen.

3 Die Tomaten auf einem weiteren Backblech verteilen und mit Olivenöl beträufeln.

4 Beide Bleche 12–15 Minuten in den Backofen schieben, bis der Teig aufgegangen und goldbraun ist.

5 Die Backbleche aus dem Ofen holen. Falls der Teigboden an manchen Stellen zu stark aufgegangen ist, die Blasen vorsichtig mit einer Gabel herunterdrücken. Die Tomaten auf den Teig legen. Mit Dill, einigen Kapuzinerkresseblättern und -blüten sowie 1 guten Prise Salz und Pfeffer bestreuen. Warm oder kalt servieren.

HEISSER TIPP

Viele Fertig-Blätterteigsorten sind vegan, da der Teig Pflanzenfett enthält. Aber lest euch sicherheitshalber die Zutatenliste durch.

KNOBLAUCH-NAAN-BROTE

BARBECUE-GARTEMPERATUR:
starke Hitze

ERGIBT 6 STÜCK

Es lohnt sich definitiv, auf diese hausgemachten Knoblauch-Naan-Brote zu warten. Diese luftig-leichten Brotfladen mit Röststreifen sind ideal zum Teilen, Dippen und Genießen! Serviert sie am besten zu Blumenkohl und Mango in würziger Joghurtmarinade (siehe S. 44), Pikantem Kartoffelsalat (siehe S. 120) und Karottensalat mit Koriander und gerösteten Cashewkernen (siehe S. 114).

1 Pck. (7 g) Trockenhefe
2 TL Zucker
ca. 300 g Weizenmehl (Type 812), plus mehr zum Bestäuben
2 TL Schwarzkümmelsamen
1 EL Sonnenblumenöl, plus mehr zum Bestreichen
4 gehäufte EL ungesüßter Natur-Sojajoghurt
1 gehäufter EL vegane Butter
2 Knoblauchzehen, zerdrückt
1 kleine Handvoll glatte Petersilie, frisch geschnitten
Meersalz

HEISSER TIPP

Wer will, kann diese Naan-Brote auch im Voraus zubereiten: Einfach in einer Pfanne ohne Fett auf dem Herd 4–5 Minuten von jeder Seite backen, zum Abschluss 1 Minute direkt auf den Grill legen und anschließend mit der Knoblauchbutter bestreichen.

1 Die Hefe in einem Krug mit 100 ml warmem Wasser und 1 TL Zucker vermengen. 15 Minuten beiseitestellen, bis die Mischung schaumig wird.

2 Mehl, Schwarzkümmelsamen und restlichen Zucker in einer Schüssel mischen. Öl, Joghurt und Hefemischung zufügen und alles zu einem weichen Teig verarbeiten. 1 Schuss Wasser zugießen, falls der Teig zu trocken erscheint. Ist er zu klebrig, etwas Mehl dazugeben.

3 Eine saubere Arbeitsfläche mit Mehl bestäuben und den Teig darauf 10 Minuten kneten.

4 Eine große, saubere Schüssel mit etwas Öl bestreichen und den Teig hineinlegen. Mit Frischhaltefolie oder einem Geschirrtuch abdecken und an einem warmen Ort 1 Stunde gehen lassen, bis der Teig sein Volumen verdoppelt hat.

5 Den Teig aus der Schüssel nehmen und in sechs gleich große Stücke schneiden. Die Teigstücke jeweils zu einem Oval (20 cm Länge) ausrollen, das unten etwas breiter als oben ist.

6 Jedes Naan-Brot auf ein Stück Alufolie betten, aber nicht abdecken. Portionsweise mit der Alufolie auf den heißen Rost legen und 5 Minuten grillen, bis die Brote ein wenig aufgehen. Dann wenden und von der anderen Seite rösten. Mit den übrigen Teigstücken ebenso verfahren.

7 Die Butter in einer Pfanne auf dem Herd oder in der Mikrowelle zerlassen. Knoblauch, Petersilie und 1 gute Prise Salz unterrühren. Die Naan-Brote von beiden Seiten großzügig mit der Knoblauchbutter bestreichen. Warm servieren.

SALAT MIT PEKANNÜSSEN, ÄPFELN UND GERÖSTETEN KAROTTEN

BARBECUE-GARTEMPERATUR:
starke Hitze

FÜR 4 PERSONEN

Die unscheinbare Karotte sollte man nicht unterschätzen: Dieses vielseitige Gemüse wird beim Grillen süß und rauchig und entwickelt ein intensives Aroma. Kombiniert mit Pekannüssen, knackigen Äpfeln und Dill werden die heißen gerösteten Karotten zum Salat des Tages.

- 60 g Rucola
- 2 grüne Äpfel, geputzt und in feine Scheiben geschnitten
- 1 Stange Staudensellerie, fein gehackt
- 3 EL Pekannusskerne, grob gehackt
- 1 EL getrocknete Cranberrys
- 1 Handvoll glatte Petersilie, frisch geschnitten
- 2 EL natives Olivenöl extra von guter Qualität, plus 1 EL zum Bestreichen
- 1 Spritzer Zitronensaft
- 4 große Karotten mit Grün, geschält, längs halbiert und Grün gekürzt
- Meersalz und schwarzer Pfeffer aus der Mühle

Abbildung siehe S. 40–41

1 Rucola, Äpfel, Staudensellerie, Pekannüsse, Cranberrys und Petersilie in einer großen Schüssel vermengen. 2 EL Olivenöl und Zitronensaft zugießen und gut unterheben.

2 Die Karotten mit 1 EL Olivenöl bestreichen und auf den heißen Rost legen. 5–6 Minuten von jeder Seite grillen, bis sie weich sind und sich Röststreifen bilden.

3 Vom Grill nehmen und auf den Salat legen. Mit 1 guten Prise Salz und reichlich Pfeffer würzen und servieren, solange die Karotten noch heiß sind.

HEISSER TIPP

Macht die Welt ein bisschen bunter und nehmt verschiedenfarbige Karotten (auch lilafarbene!). Oder Babykarotten, die quer auf den Rost passen. Die Grilldauer hängt dabei von der Größe der Karotten ab: Wendet sie erst, wenn sie Röststreifen haben.

GEGRILLTE ZUCCHINI
MIT ZITRONEN-DILL-JOGHURT

BARBECUE-GARTEMPERATUR:
mittlere Hitze

FÜR 4 PERSONEN

Wenn man Zucchini leicht anröstet, entwickeln sie ein intensiveres Aroma und ergeben eine sensationelle saisonale Beilage. Gekrönt werden sie mit einigen Löffeln duftendem Joghurt. Schmeckt köstlich zu den No-Lobster Rolls (siehe S. 52).

- 2 gehäufte EL ungesüßter Natur-Sojajoghurt
- frisch gepresster Saft von ¼ unbehandelten Zitrone
- 1 kleine Handvoll Dill, frisch geschnitten
- Meersalz
- 2 Zucchini, in grobe Scheiben geschnitten
- 1 EL natives Olivenöl extra
- 1 Prise schwarzer Pfeffer aus der Mühle

1 Joghurt und Zitronensaft in einer Schüssel verrühren. Den Dill untermischen. Mit 1 guten Prise Salz würzen und beiseitestellen.

2 Die Zucchinischeiben von beiden Seiten mit Olivenöl bestreichen und auf den heißen Rost legen. Von beiden Seiten je 5–6 Minuten grillen, bis sich Röststreifen zeigen und die Scheiben weich sind.

3 Mit der Grillzange vom Rost nehmen und auf einen Servierteller legen. Mit Pfeffer würzen und den Zitronen-Dill-Joghurt dazuservieren.

HEISSER TIPP

Kombiniert die gegrillten Zucchinischeiben mit Rucola, frisch geschnittenen Basilikumblättern und gerösteten Pinienkernen zu einem warmen Salat.

ZWIEBELRINGE MIT BONBONSTREIFEN

BARBECUE-GARTEMPERATUR:
mittlere Hitze

FÜR 4 PERSONEN

Serviert diese gegrillten roten und weißen Zwiebeln am Spieß, damit sich eure Gäste selbst bedienen können. Die süßen Zwiebeln passen gut zu Burgern und veganen Würsten – und sind eine wunderbare Beilage zu den Karibischen Blumenkohl-»Steaks« mit Salsa von Ananas und schwarzen Bohnen (siehe S. 61).

1 große Speisezwiebel, Enden und Schale entfernt
1 große rote Zwiebel, Enden und Schale entfernt
1 EL natives Olivenöl extra
1 TL Ahornsirup
Meersalz

Abbildungen siehe auch S. 18 und S. 56–57

1 Die Zwiebeln fest auf ein Schneidebrett legen. Vorsichtig mit einem scharfen Messer horizontal in je drei 2 cm breite Scheiben schneiden. Die Ringe dürfen dabei nicht auseinanderfallen. Die Scheiben flach auf dem Brett ausbreiten und mit einem Spieß längs durchstechen (je 2 rote Zwiebelscheiben und 2 weiße Zwiebelscheiben, verteilt auf drei Spieße).

2 Mit Olivenöl bestreichen und auf dem heißen Rost unter mehrfachem Wenden 20 Minuten grillen.

3 Mit Ahornsirup bepinseln und weitere 2–3 Minuten von jeder Seite grillen, bis die Zwiebeln karamellisiert sind.

4 Vom Grill nehmen, mit 1 Prise Meersalz würzen und servieren.

HEISSER TIPP

Aus großen Zwiebeln werden größere »Zwiebelräder«, die perfekt auf einen Burger passen. Falls eure Zwiebeln kleiner sind, schneidet zwei davon auf und legt mehrere Scheiben auf den Burger.

BLÄTTERTEIGPASTETE MIT ZWIEBEL-SALBEI-BRÄT UND KETCHUP

AUS DER KÜCHE

ERGIBT 8 STÜCK

Alle lieben gefüllten Blätterteig, besonders an der frischen Luft. Backt die Pastete im Voraus und stapelt die Stückchen auf einem Teller, sodass die Gäste selbst zugreifen können. Für das vegane Brät verwende ich vorgegarte, vakuumierte Esskastanien und verfeinere es ganz klassisch mit Zwiebel und Salbei.

- 1 EL Sonnenblumenöl, plus 2 TL zum Bestreichen
- 1 kleine Zwiebel, fein gehackt
- 1 TL getrockneter Salbei
- 180 g gekochte Esskastanien (vakuumiert), fein gehackt
- Meersalz und schwarzer Pfeffer aus der Mühle
- 400 g Cannellini- oder Riesenbohnen (aus der Dose), abgetropft und Flüssigkeit aufbewahrt
- 275 g Blätterteig (milchfrei; aus dem Kühlregal)
- 2 TL Tomatenketchup, plus mehr zum Servieren

Abbildung siehe S. 100–101

HEISSER TIPP

Die meisten Fertigteige sind vegan, aber lest euch zur Sicherheit die Zutatenliste durch.

1 Den Backofen auf 200 °C vorheizen und zwei Backbleche mit Backpapier auslegen.

2 In einer großen Pfanne auf dem Herd 1 EL Sonnenblumenöl erhitzen. Zwiebel und Salbei darin unter häufigem Rühren 2–3 Minuten anbraten, bis die Zwiebel allmählich weich wird.

3 Die Esskastanien zufügen und alles weitere 2 Minuten braten. Mit 1 guten Prise Salz und Pfeffer würzen, dann vom Herd nehmen.

4 Die Bohnen in einer Schüssel mit einer Gabel oder einem Kartoffelstampfer grob zerkleinern. Zur Zwiebel-Kastanien-Mischung geben und gut vermengen. 1 Schuss Bohnenflüssigkeit zugeben, damit die Masse besser zusammenhält.

5 Den Blätterteig auf einer sauberen Arbeitsfläche ausbreiten. Mit einem Backpinsel mit etwas Sonnenblumenöl einstreichen.

6 Das Ketchup in einer geraden Linie 4 cm vom oberen Teigrand entfernt auftragen. Die Füllung entlang dieser Ketchuplinie verteilen und den Teig zu einer Wurst zusammenrollen. Die Enden mit einer Gabel fest zusammendrücken und die Blätterteigpastete verschließen.

7 Die Pastete in acht gleich große Stücke schneiden und diese auf die Backbleche verteilen. Jeweils mit etwas Sonnenblumenöl bestreichen.

8 Die Pastetenstücke 25 Minuten backen, bis sie goldbraun und knusprig sind. Warm oder kalt servieren und Ketchup zum Dippen reichen.

SÜSSKARTOFFEL-WEDGES
MIT JERK-GEWÜRZMISCHUNG

BARBECUE-GARTEMPERATUR:
mittlere–starke Hitze

FÜR 4 PERSONEN

Würzige Süßkartoffel-Wedges kommen bei allen gut an. Die schnell zubereiteten Wedges mit jamaikanischer Jerk-Gewürzmischung sind knusprig und goldbraun. Auf Spießen lassen sie sich leichter grillen, da ihr sie mit nur einer Drehung wenden könnt. So müsst ihr nicht mit der Grillzange mühsam jede Spalte einzeln umdrehen.

2 große Süßkartoffeln, geschält und in Spalten geschnitten
1 EL Sonnenblumenöl
1 TL Jerk-Gewürzmischung
1 gute Prise geräuchertes Meersalz

Abbildungen siehe S. 18 und S. 56–57

1 Wasser in einem großen Topf bei mäßig-hoher Hitze auf dem Herd zum Kochen bringen. Die Süßkartoffel-Wedges zufügen und 5–7 Minuten halb gar kochen. Gut abseihen.

2 Die Wedges abkühlen lassen, bis man sie problemlos anfassen kann. Dann mit Küchenpapier oder einem sauberen Geschirrtuch so gut wie möglich trocken tupfen. Mit dem Sonnenblumenöl beträufeln und mit der Jerk-Gewürzmischung einreiben, bis sie rundum bedeckt sind.

3 Die Wedges so auf vier Metallspieße stecken, dass die ebenste Fläche auf dem Grill aufliegt. Die Spieße auf dem Rost platzieren und unter mehrfachem Wenden 10–12 Minuten grillen, bis die Ränder knusprig und angebräunt und die Wedges durchgegart sind.

4 Die Süßkartoffel-Wedges vorsichtig von den Spießen schieben und mit geräuchertem Meersalz würzen.

HEISSER TIPP

Wenn ihr die Wedges zuerst einige Minuten vorkocht, lassen sie sich leichter auf die Spieße schieben und werden auf dem Grill gleichmäßiger gegart. Aber nicht länger als angegeben kochen, da die Spalten sonst gern auseinanderbrechen, wenn man sie bei hoher Hitze auf den Grill legt.

SALATE & EXTRAS

ORZO-SALAT MIT GEGRILLTER PAPRIKA UND OLIVEN

BARBECUE-GARTEMPERATUR:
mittlere Hitze

FÜR 4 PERSONEN

Saftige Paprika, Orzo-Nudeln, Oliven, Zitronensaft und frische Minigurken vereinen sich zu einem köstlichen Salat. Die langen, dünnen Spitzpaprika haben eine feine Haut, weshalb sie schnell gar sind und ohne große Mühe wunderbar zart werden. Ihr solltet die Holzkohle etwas abkühlen lassen, damit die Paprikaschoten sanft rösten und nicht zu schwarz werden. Warm oder gekühlt servieren.

2 süße rote Spitzpaprikaschoten (z. B. Ramiro), längs halbiert und entkernt

1 EL natives Olivenöl extra von guter Qualität, plus mehr zum Beträufeln

250 g getrocknete Orzo-Nudeln (ohne Ei)

2 Minigurken, in feine Scheiben geschnitten, oder ¼ Gurke, gewürfelt

8 entsteinte schwarze Oliven, in feine Ringe geschnitten

1 EL Mandelblättchen oder -stifte

frisch gepresster Saft von ½ unbehandelten Zitrone

1 Handvoll glatte Petersilie, frisch geschnitten

1 kleine Handvoll Dill, frisch geschnitten

Meersalz und schwarzer Pfeffer aus der Mühle

1 Die Paprikaschoten rundum mit Olivenöl bestreichen, auf den heißen Rost legen und von jeder Seite 5–6 Minuten grillen, bis sie sehr weich sind und sich Röststreifen zeigen. Vom Grill nehmen und abkühlen lassen.

2 Inzwischen für den Orzo-Salat Wasser in einem Topf auf dem Herd zum Kochen bringen. Die Orzo-Nudeln zufügen, 8–10 Minuten al dente kochen, dann gründlich abseihen.

3 Orzo in eine große Schüssel füllen. Gurke, Oliven, Mandeln, Zitronensaft, Petersilie und Dill zugeben und gut unterheben.

4 Die gegrillten Paprikaschoten in breite Streifen schneiden, zum Salat geben und vermengen.

5 Mit etwas Olivenöl beträufeln und vorsichtig untermischen. Mit 1 guten Prise Salz und Pfeffer abschmecken.

HEISSER TIPP

Viele Orzo-Produkte sind vegan, da sie nur aus Hartweizengrieß ohne Ei bestehen. Lest euch vor dem Kauf aber besser die Zutatenliste durch.

SALSA MIT KIWI UND AVOCADO

AUS DER KÜCHE

FÜR 4 PERSONEN

Cremig mit säuerlicher Note – die Salsa hält, was sie verspricht. Falls ihr goldene bzw. gelbe Kiwis mit dünner, birnenähnlicher Schale auftreiben könnt, müsst ihr sie nicht extra schälen. Aber auch ganz normale grüne Kiwis bringen diese Salsa zum Leuchten. Zu Brutzelnden Fajitas mit gerösteter Limette (siehe S. 54) oder auf Bean Burger mit Erdnussbutter, Chili Jam und Minibrezeln (siehe S. 55) servieren.

- 3 Kiwis, geschält und gewürfelt
- 1 Avocado, geschält, entkernt und gewürfelt
- 2 Radieschen, fein gewürfelt
- 1 große Handvoll Koriandergrün, frisch geschnitten
- 1 Handvoll glatte Petersilie, frisch geschnitten
- frisch gepresster Saft von 1 unbehandelten Limette
- 1 Prise geräuchertes Meersalz

1 Kiwis, Avocado und Radieschen in einer Schüssel mischen.

2 Koriandergrün und Petersilie unterheben und Limettensaft zugießen.

3 Mit geräuchertem Meersalz würzen und alles gut vermengen.

HEISSER TIPP

Wer es scharf mag, gibt noch 1 entkernte, gewürfelte grüne Chilischote in die Salsa!

WARME TRAUBEN
MIT LUFTIGEM SCHNITTLAUCH-FRISCHKÄSE

BARBECUE-GARTEMPERATUR:
mittlere Hitze

FÜR 4 PERSONEN

Beim Grillen werden Trauben besonders saftig und entwickeln ein an Sorbet erinnerndes Aroma. Ich dippe sie gern in einen luftig aufgeschlagenen Frischkäse. Aber sie schmecken ebenso köstlich als Dessert oder als Appetizer mit einem Glas gekühltem veganen Weißwein. Wer will, kann dazu noch herzhafte Cracker reichen.

150 g gekühlter veganer Frischkäse
1 EL gekühltes Mineralwasser mit Kohlensäure
1 Handvoll Schnittlauch, frisch geschnitten
Meersalz und schwarzer Pfeffer aus der Mühle
500 g kernlose rote Trauben (am Stiel)
1 EL natives Olivenöl extra

Abbildung siehe S. 110–111

1 Den Frischkäse in eine Schüssel füllen und 2–3 Minuten mit dem Schneebesen luftig verquirlen. Das Mineralwasser einrühren und erneut alles 2–3 Minuten locker aufschlagen.

2 Den Frischkäse in eine Servierschüssel füllen und mit Schnittlauch sowie 1 Prise Salz und Pfeffer bestreuen. Bis zur Verwendung kalt stellen.

3 Die Trauben am Stiel in vier kleinere Rispen teilen. Mit etwas Olivenöl beträufeln und unter häufigem Wenden 3–4 Minuten grillen.

4 Den Frischkäse aus dem Kühlschrank holen und die Rispen darauf anrichten.

HEISSER TIPP

Mit einem elektrischen Handrührgerät wird der Frischkäse schön locker. Ihr könnt aber auch gern mit einem Schneebesen 5–6 Minuten kräftig schlagen.

SALAT MIT GEGRILLTEM FENCHEL, ORANGE UND DILL

BARBECUE-GARTEMPERATUR:
starke Hitze

FÜR 4 PERSONEN

Falls ihr Fenchel bisher eher selten zubereitet habt, lernt ihr hier seinen zarten Anisgeschmack auf wunderbare Weise kennen – auf dem Grill wird dieses Aroma noch intensiviert. Auch gegrillt hat er noch Biss und harmoniert bestens mit den frischen Orangenstücken, Oliven und cremigen Riesenbohnen.

2 Fenchelknollen, in Spalten geschnitten
1 EL natives Olivenöl extra
1 große Handvoll Brunnenkresse
1 unbehandelte Orange, geschält und in Segmente geteilt
6 entsteinte schwarze Oliven, in grobe Ringe geschnitten
1 kleine Handvoll Dill, frisch geschnitten
1 kleine Handvoll glatte Petersilie, frisch geschnitten
400 g Riesenbohnen (aus der Dose oder dem Glas) von guter Qualität, abgespült und abgetropft
Meersalz und schwarzer Pfeffer aus der Mühle

Abbildung siehe S. 110–111

1 Die Fenchelspalten mit etwas Olivenöl bestreichen und auf dem heißen Rost 4–5 Minuten grillen, bis sich Röststreifen bilden. Wenden und weitere 4–5 Minuten rösten.

2 Inzwischen Brunnenkresse, Orangensegmente, Oliven, Dill, Petersilie und Riesenbohnen in einer Schüssel mit dem restlichen Olivenöl beträufeln und alles gut vermengen.

3 Den Fenchel vom Grill nehmen, in die Schüssel geben und unterheben. Den Salat mit 1 Prise Salz und Pfeffer abschmecken und heiß, warm oder kalt servieren.

HEISSER TIPP

Ich schneide den Fenchel gern in Spalten verschiedener Größe, sodass einige Stücke stärker angebräunt werden als andere.

KAROTTENSALAT MIT KORIANDER UND GERÖSTETEN CASHEWKERNEN

AUS DER KÜCHE

FÜR 4 PERSONEN

Farbenfroh, spritzig und knackig! Dieser perfekte Salat ist fix zubereitet, serviert und verspeist. Er schmeckt köstlich zu Blumenkohl und Mango in würziger Joghurtmarinade (siehe S. 44) oder zu Pilzwürsten »Masala« (siehe S. 64) und Knoblauch-Naan-Broten (siehe S. 94).

4 Karotten, geschält und gestiftelt
¼ Kopf Rotkohl, in feine Streifen geschnitten
1 große Handvoll Koriandergrün, frisch geschnitten
frisch gepresster Saft von ½ unbehandelten Zitrone
Meersalz
4 EL Cashewnusskerne

1 Karotten, Kohl und Koriandergrün in einer großen Schüssel vermengen. Mit Zitronensaft und 1 Prise Salz würzen.

2 Die Cashewkerne in einer Pfanne ohne Fett bei hoher Hitze 1–2 Minuten rösten, bis sie leicht angebräunt sind und duften. Über den Salat streuen.

HEISSER TIPP

Die paar Minuten, die ihr fürs Rösten der Cashewkerne braucht, lohnen sich, denn euer Salat gewinnt dadurch immens an Aroma. Röstet sie unbedingt bei hoher Hitze in einer Pfanne ohne Fett und schwenkt diese währenddessen.

KNACKIGER SESAM-LIMETTEN-SALAT
MIT SOJASAUCE UND EDAMAMEBOHNEN

AUS DER KÜCHE

FÜR 4 PERSONEN

Dieser schnell zubereitete Salat ist sehr erfrischend und verfeinert mit seinem säuerlichen Aroma jeden Grillteller. Besonders gut passt er zu Süßsaurem Tofu mit Ananas (siehe S. 34) sowie Brokkoli, Zucchini, Baby-Maiskölbchen und Zuckerschoten in Sataysauce (siehe S. 35).

4 EL Edamamebohnen (TK oder frisch)
½ Kopf Weißkohl, in feine Streifen geschnitten
1 große Karotte, geschält und gestiftelt
1 rote Paprikaschote, entkernt und in feine Streifen geschnitten
1 Stange Staudensellerie, fein gehackt
1 große Handvoll Koriandergrün, frisch geschnitten
2 EL Sojasauce
frisch gepresster Saft von ½ unbehandelten Limette
1 EL Sesamsamen
1 EL geröstete Erdnusskerne

Abbildung siehe S. 122–123

1 Wasser in einem kleinen Topf bei hoher Hitze zum Kochen bringen. Die Edamamebohnen 3–4 Minuten garen, bis sie weich sind. Dann abseihen und beiseitestellen.

2 Weißkohl, Karotte, Paprika, Staudensellerie und Koriandergrün in einer großen Schüssel vermengen.

3 Sojasauce und Limettensaft unterrühren und die Edamamebohnen darüberstreuen. Sesamsamen und Erdnüsse zufügen und alles gut unterheben.

HEISSER TIPP

In einem geschlossenen Behälter hält sich der Salat im Kühlschrank bis zu 3 Tage.

NUSSIGER REISSALAT

AUS DER KÜCHE

FÜR 4 PERSONEN

Ein frischer, knackiger Reissalat, der so vielseitig ist, dass er zu verschiedensten Hauptgerichten passt. Ausgesprochen köstlich schmeckt er zu Teriyaki-Tofu mit grünem Grillgemüse (siehe S. 33) und Gegrilltem Katsu-Burger mit Wasabi-Mayo (siehe S. 62). Serviert den Reissalat heiß oder gekühlt.

- 300 g weißer Basmatireis
- Meersalz
- 2 Frühlingszwiebeln, fein gehackt
- 1 Handvoll Koriandergrün, frisch geschnitten
- 100 g gesalzene und geröstete Erdnusskerne, grob gehackt
- frisch gepresster Saft von 2 unbehandelten Limetten

1 Reis und 500 ml Wasser in einem großen Topf bei mäßig-hoher Hitze 10 Minuten kochen, bis das Wasser vollständig aufgesogen ist.

2 Vom Herd nehmen und einen gut schließenden Deckel auflegen. 10 Minuten quellen lassen.

3 Den Deckel abnehmen, den Reis mit einer Gabel auflockern und mit Meersalz würzen. Frühlingszwiebeln, Koriandergrün und Erdnüsse zufügen und gut vermengen.

4 Den Limettensaft unterrühren und den Reis heiß oder gekühlt servieren.

HEISSER TIPP

Basmatireis ist schnell fertig, weshalb er sich bestens für Salat eignet. Ich lasse den Reis nach dem Kochen einige Minuten stehen, damit er überschüssige Flüssigkeit aufnimmt, bevor ich die restlichen Zutaten zufüge.

BULGUR-ORANGEN-SALAT MIT PISTAZIEN,
GRANATAPFELKERNEN UND MINZE

AUS DER KÜCHE

FÜR 4 PERSONEN

Diesen farbenfrohen Salat serviert ihr am besten auf einem großen Teller, damit sich jeder selbst bedienen kann! Sein fruchtiges Aroma bildet den perfekten Ausgleich zur leichten Säure der Aubergine mit Tamarinde (siehe S. 30). Im Kühlschrank hält er sich bis zu 3 Tage.

100 g Bulgur
30 g glatte Petersilie, frisch geschnitten
1 große Handvoll Minzeblätter, frisch geschnitten
Kerne von 1 Granatapfel
5 cm Gurke, gewürfelt
4 EL geschälte Pistazien, grob gehackt
frisch gepresster Saft von ½ unbehandelten Orange
1 Schuss natives Olivenöl extra von guter Qualität
Meersalz

Abbildung siehe auch S. 76–77

1 Den Bulgur in eine Schüssel füllen und mit kochendem Wasser knapp bedecken. Die Schüssel mit einem Teller abdecken und den Bulgur 10–15 Minuten durchziehen lassen, bis das Wasser aufgesogen ist.

2 Mit einer Gabel auflockern, dann Petersilie, Minze, Granatapfelkerne, Gurke und Pistazien zufügen und gut unterheben.

3 Orangensaft und Olivenöl zugießen und gründlich vermengen. Mit 1 Prise Meersalz abschmecken.

HEISSER TIPP

Noch schneller geht es, wenn ihr im Supermarkt Granatapfelkerne und geschälte Pistazien kauft. Weniger Zeitaufwand und weniger Unordnung!

PIKANTER KARTOFFELSALAT

AUS DER KÜCHE

FÜR 6 PERSONEN

Mit Senfkörnern, Koriandergrün und roter Zwiebel sowie erfrischendem Kokosjoghurt verwandelt ihr einen klassischen Kartoffelsalat in ein Gewürzwunder. Perfekt als Beilage für ein sommerliches Barbecue, aber besonders gut in Kombination mit Pilzwürsten »Masala« (siehe S. 64), Knoblauch-Naan-Broten (siehe S. 94) und Karottensalat mit Koriander und gerösteten Cashewkernen (siehe S. 114). Reicht ihn warm oder gekühlt.

- 750 g neue Kartoffeln, halbiert
- Meersalz
- 1 EL Sonnenblumenöl
- 1 rote Zwiebel, in feine Scheiben geschnitten
- 1 TL gemahlene Kurkuma
- ½ TL gemahlener Kreuzkümmel
- ½ TL Senfkörner
- 1 Prise getrocknete Chiliflocken
- frisch gepresster Saft von ½ unbehandelten Zitrone
- 3 gehäufte EL Kokosjoghurt
- 1 Handvoll Koriandergrün, frisch geschnitten
- 1 kleine Handvoll Schnittlauch, frisch geschnitten

1 Einen großen Topf Salzwasser auf dem Herd bei mäßig-hoher Hitze zum Kochen bringen. Die Kartoffeln hineingeben und 15–18 Minuten weich kochen.

2 Öl und Zwiebel in einer Pfanne bei mittlerer Hitze 4–5 Minuten anbraten, bis die Zwiebel weich ist. Kurkuma, Kreuzkümmel, Senfkörner und Chiliflocken zugeben und unter Rühren weitere 2 Minuten braten.

3 Die Kartoffeln gründlich abseihen und in eine Schüssel füllen. Die gewürzten Zwiebeln mit Öl zufügen.

4 Zitronensaft, Kokosjoghurt, Koriandergrün, Schnittlauch und 1 Prise Meersalz unterheben. Vor dem Servieren einige Minuten durchziehen lassen.

HEISSER TIPP

Wer lieber einen normalen Kartoffelsalat mag, vermengt 3 EL vegane Mayonnaise mit 750 g gegarten neuen Kartoffeln, 2 gehackten Frühlingszwiebeln und 1 Handvoll frisch geschnittener Minze. Zum Schluss mit Meersalz abschmecken und mit 1 Spritzer frisch gepresstem Zitronensaft verfeinern.

PICKLE AUS GEGRILLTEN MINIGURKEN

BARBECUE-GARTEMPERATUR:
mittlere Hitze

FÜR 4 PERSONEN

Durchs Grillen verwandeln sich Gurken von einer milden, erfrischenden Beilage in eine süße Genuss-Sensation! Ich lege sie gern noch ein und habe so für Burger eine knackige Essiggurken-Alternative mit Röstaromen. Oder ihr werft sie als Aromakick in einen schlichten Blattsalat.

8 Minigurken, längs halbiert
1 TL Sonnenblumenöl
6 EL Apfelessig
1 kleine Handvoll Dill, frisch geschnitten
Meersalz

Abbildungen siehe S. 104 und nächste Seite

1 Die Gurkenhälften auf Metallspieße stecken und mit Öl bestreichen. Die Spieße mit der Schnittseite nach unten auf den Rost legen und 5–6 Minuten grillen, bis sich Röststreifen bilden. Wenden und die Schalenseite der Gurken weitere 5–6 Minuten rösten.

2 Die Spieße vom Grill nehmen, die Gurken vorsichtig herunterschieben und in eine Schüssel geben. Apfelessig, Dill und 1 gute Prise Meersalz zufügen. Vor dem Verzehr mindestens 1 Stunde durchziehen lassen.

HEISSER TIPP

Ihr könnt die gegrillten Minigurken auch ganz hemmungslos in einen Salat werfen oder als Pickles-Beilage zu anderen Grillgerichten reichen. Dann einfach direkt vom Grill nehmen und mit Meersalz bestreut heiß genießen.

DUKKAH

AUS DER KÜCHE

FÜR 4 PERSONEN

Diese nahöstliche Nuss-Gewürzmischung mit Röstaromen ist herrlich knusprig. Sie ist nicht nur eine vielseitige Ergänzung des Grillgelages, sondern lässt sich auch supereinfach zubereiten. Dukkah peppt gekauften Hummus auf, macht gegrillte Pitabrote kerniger oder verwandelt Aubergine mit Tamarinde (siehe S. 30) in etwas ganz Besonderes.

4 EL blanchierte Haselnusskerne
4 EL Mandelblättchen
2 EL Sonnenblumenkerne
2 TL Kreuzkümmelsamen
2 TL Fenchelsamen
2 TL Koriandersamen
Meersalz

Abbildung siehe S. 76–77

1 Haselnüsse, Mandeln, Sonnenblumenkerne, Kreuzkümmel-, Fenchel- und Koriandersamen in einer Pfanne ohne Fett unter gelegentlichem Schwenken 3–5 Minuten rösten, bis die Mischung duftet und leicht angebräunt ist.

2 Die Nussmischung mit 1 Prise Meersalz in einem Standmixer per Pulse-Funktion grob hacken. In einer Schüssel servieren, damit sich die Gäste selbst bedienen können.

HEISSER TIPP

In einem sauberen, trockenen Schraubglas ist Dukkah an einem kühlen Ort bis zu 1 Monat haltbar – falls ihr widerstehen könnt!

PICKLES IN PINK

AUS DER KÜCHE

REICHLICH FÜR 4 PERSONEN

Diese knackig-säuerlichen und unübersehbar rosa leuchtenden Pickles bringen Farbe ins Spiel. Packt sie in Wraps oder Taco-Shells oder löffelt sie über Gegrillte Katsu-Burger mit Wasabi-Mayo (siehe S. 62). Das eingelegte Gemüse hält sich bis zu 5 Tage, wenn ihr es nach dem Abkühlen im Kühlschrank in einem Schraubglas aufbewahrt.

1 große rote Zwiebel, in feine Ringe geschnitten
4 Radieschen, halbiert und in feine Scheiben geschnitten
1 TL Meersalz
¼ TL getrocknete Chiliflocken
6 EL Apfelessig

Abbildungen siehe S. 76–77 und S. 122–123

1 Zwiebel und Radieschen in eine hitzebeständige Schüssel geben und mit warmem Wasser bedecken.

2 In der Mikrowelle 5 Minuten erhitzen, dann das Wasser gründlich abgießen. (Falls ihr keine Mikrowelle habt, könnt ihr sie auch einfach in einem Topf mit kochendem Wasser 15 Minuten garen und anschließend gut abseihen.)

3 Salz und Chiliflocken untermischen. Den Apfelessig zugießen und gut vermengen. Mindestens 1 Stunde durchziehen lassen. Bis zur Verwendung im Kühlschrank aufbewahren.

HEISSER TIPP

Nach dem Erhitzen in der Mikrowelle sind Zwiebel und Radieschen erst einmal etwas ausgebleicht. Aber das Pink kehrt mit noch mehr Leuchtkraft zurück, wenn ihr sie 1 Stunde mit Apfelessig ziehen lasst.

JOGHURTDIP MIT ROTER BETE UND ORANGE

AUS DER KÜCHE

FÜR 4 PERSONEN

Dieser milde Dip ist rundum perfekt: kühler Joghurt, erdige Rote Bete, spritzige Orange und knackige Pinienkerne. Besonders toll ist die Farbe – leuchtendes Pink! Statt Hummus als leichte Beilage mit Rohkost servieren.

- 2 TL natives Olivenöl extra
- 1 Knoblauchzehe, zerdrückt
- 2 TL Pinienkerne
- ½ TL gemahlener Kreuzkümmel
- 1 Prise getrocknete Chiliflocken
- 300 g gekochte Rote Bete (vakuumiert)
- 4 gehäufte EL gekühlter Natur-Sojajoghurt nach griechischer Art
- feiner Abrieb und 1 Spritzer Saft von 1 unbehandelten Orange
- Meersalz

1 Öl, Knoblauch, Pinienkerne, Kreuzkümmel und Chiliflocken in einer Pfanne bei mäßig-schwacher Hitze 2–3 Minuten braten, bis der Knoblauch weich ist und das Öl duftet. Dann beiseitestellen.

2 Rote Bete und Joghurt in einem Standmixer per Pulse-Funktion zu einem glatten, homogenen Dip verarbeiten. Orangenabrieb und -saft zufügen und erneut kurz mixen.

3 Knoblauch-Pinienkern-Mischung unterrühren und mit 1 Prise Meersalz abschmecken. In einer Schale zum Dippen servieren.

HEISSER TIPP

Veganen Joghurt nach griechischer Art bekommt ihr in den meisten Supermärkten. Falls nicht, könnt ihr ihn gut durch normalen Sojajoghurt ersetzen (weniger durch Hafer- oder Kokosjoghurt). Der Dip wird dann zwar etwas dünnflüssiger, bleibt aber geschmeidig und cremig.

MAYO-RELISH
MIT ESSIGGÜRKCHEN UND KAPERN

AUS DER KÜCHE

REICHLICH FÜR 4 PERSONEN

Würzig, knackig, sahnig. Und dazu noch die üblichen Verdächtigen – Essiggurke, eingelegte Zwiebeln und Kapern. Diese vertraute Kost zu veganen Burgern und Würsten beruhigt die Zweifler und ergibt deshalb die perfekte Beilage für euer Grillfest.

- 4 gehäufte EL vegane Mayonnaise
- 4 Essiggurken, grob gewürfelt, plus 1 EL Gurkensud aus dem Glas
- 4 eingelegte kleine Zwiebeln, geviertelt
- 2 EL Kapern, abgetropft
- 1 Handvoll Dill, frisch geschnitten
- Meersalz

Abbildungen siehe S. 25 und S. 56–57

1 Mayonnaise, Essiggurken und 1 EL Gurkensud in einer Schüssel verrühren. Die eingelegten Zwiebeln und Kapern zufügen und alles vermengen.

2 Den Dill vorsichtig unterheben. Das Relish mit 1 Prise Salz abschmecken und in eine Servierschüssel füllen.

HEISSER TIPP

Vegane Mayonnaise ist heutzutage gut erhältlich. Viele Supermärkte führen sogar mehr als eine Marke, von bekannten Firmen bis zu günstigen Hausmarken.

GEGRILLTE GUACAMOLE

BARBECUE-GARTEMPERATUR:
mittlere Hitze

FÜR 4 PERSONEN

Hausgemachte Guacamole in gegrillten Avocadohälften ist eine witzige Idee. Dazu legt ihr 4 Avocadohälften auf den Grill und füllt sie dann mit reichlich Guacamole. Komplettiert wird das Ganze durch Tortilla-Chips, Brutzelnde Fajitas mit gerösteter Limette (siehe S. 54) oder einen veganen Burger eurer Wahl.

4 gerade reife Avocados (mit Schale), halbiert und entkernt
4 Kirschtomaten, grob gewürfelt
2 Frühlingszwiebeln, fein gehackt
frisch gepresster Saft von ½ unbehandelten Limette
1 kleine Handvoll Koriandergrün, frisch geschnitten
Meersalz
1 TL natives Olivenöl extra

Abbildung siehe S. 40–41

1 Für die Guacamole das Fruchtfleisch von 4 Avocadohälften in einer Schüssel grob zerdrücken. Tomaten, Frühlingszwiebeln, Limettensaft und Koriandergrün zufügen und alles gut vermengen. Mit 1 guten Prise Salz abschmecken.

2 Die übrigen 4 Avocadohälften mit Olivenöl bestreichen. Die Avocados mit der Schnittseite nach unten auf den heißen Rost legen und 3–5 Minuten grillen, bis sich Röststreifen bilden.

3 Vom Grill nehmen und die Kernmulde großzügig mit Guacamole füllen.

HEISSER TIPP

Gebt in die Avocados ordentlich Guacamole. Sollte etwas übrig bleiben, könnt ihr den Dip in Eiswürfelbehältern tiefkühlen und später auftauen und zu Tacos oder Chili reichen.

·SÜSSE· ·VERFÜH- RUNGEN·

BARBECUE BANOFFEE PIE

BARBECUE-GARTEMPERATUR:
mittlere Hitze

REICHLICH FÜR 4 PERSONEN

Ihr glaubt, vegane Banoffee Pie ist schon perfekt? Dann bereitet Bananen und Toffeesauce mal auf dem Grill zu, wo sie das Raucharoma annehmen und sanft karamellisiert werden. Dieses Dessert ist schlicht, aber dennoch beeindruckend. Die Kokosmilch sollte nicht fettreduziert sein, da sie sonst zu wässrig wird und sich nicht aufschlagen lässt. Sofort nach dem Aufschlagen servieren, damit sie nicht zerläuft.

400 ml Vollfett-Kokosmilch (aus der Dose)
150 g vegane Butter
200 g vegane Vollkornkekse
3 Bananen, geschält und längs halbiert
1 EL Mandelblättchen oder -stifte
6 EL Ahornsirup
2 gehäufte EL Rohrohrzucker
1 Prise frisch geriebene Muskatnuss
1 Stück Zartbitterschokolade (milchfrei), geraspelt

HEISSER TIPP

Manche Vollkornkekse enthalten keine Kuhmilch oder andere tierische Produkte. Aber lest euch vor dem Kauf zur Sicherheit die Zutatenliste durch. Eine köstliche Alternative wären bei diesem Rezept Ingwerkekse.

1 Die Kokosmilchdose über Nacht kalt stellen, damit sich die Kokoscreme von der Milch absetzt.

2 Eine quadratische Backform (18 cm Seitenlänge) mit Backpapier auslegen.

3 Die vegane Butter bei niedriger Temperatur in einer Pfanne auf dem Herd zerlassen.

4 Die Kekse in eine saubere, Plastiktüte füllen und von Hand oder mit dem Nudelholz grob zerbröseln.

5 Die Pfanne mit der zerlassenen Butter vom Herd nehmen und die Brösel einrühren. Die Mischung auf dem Boden der Backform verteilen, fest andrücken und 1 Stunde kalt stellen.

6 Zwei ausreichend große Stücke Alufolie ausbreiten. Die Bananenhälften in die Mitte eines Stücks legen und Mandeln, Ahornsirup, Zucker und Muskatnuss darauf verteilen. Die Folie zu einem Päckchen einschlagen und dieses in die zweite Alufolie einwickeln.

7 Das Folienpäckchen auf dem heißen Grill 15–20 Minuten garen. Vom Grill nehmen und oben vorsichtig öffnen – die Bananen sollten sehr weich sein und der entstandene Sirup noch sprudeln.

8 Den Pie-Boden aus dem Kühlschrank nehmen und Bananen sowie Sirup darauf verteilen. Die Form mindestens 1 Stunde kalt stellen, bis die Pie komplett abgekühlt ist.

9 Die gekühlte Kokosmilch aus dem Kühlschrank holen und die fest gewordene Creme in eine Schüssel geben (die klare Kokosmilch für ein Curry aufbewahren oder über Obst gießen). Die Kokoscreme mit dem Handrührgerät 5 Minuten luftig aufschlagen.

10 Die Form direkt vor dem Servieren aus dem Kühlschrank nehmen und die Kokoscreme darüberlöffeln. Mit geraspelter Schokolade bestreuen.

SCHOKOFONDUE

BARBECUE-GARTEMPERATUR:
starke Hitze

FÜR 6 PERSONEN

Ein Spaß für die ganze Familie – zu diesem üppigen Schokofondue serviert ihr Obst, Popcorn, vegane Marshmallows und Müsliriegel zum Eintunken. Nehmt vegane Milch- oder Zartbitterschokolade von guter Qualität, damit Geschmack und Konsistenz stimmen. Brecht die Tafeln in gleich große Stücke, damit sie gleichzeitig schmelzen.

350 g vegane Milch- oder Zartbitterschokolade von guter Qualität, in gleich große Stücke gebrochen
1 EL vegane Butter
200 ml vegane Kochsahne

Zum Servieren
12 Erdbeeren
12 grüne Trauben
1 große Handvoll veganes süßes Popcorn
6 vegane Marshmallows
6 kleine vegane Müsliriegel

1 Die Schokolade in eine für den Grill geeignete schmiedeeiserne Pfanne (30 cm Ø) geben. Die Butter zufügen und die Kochsahne darübergießen.

2 Die Pfanne auf den heißen Grill stellen und Schokolade und Butter unter gelegentlichem Rühren 5–10 Minuten zerlassen.

3 Erdbeeren, Trauben, Popcorn, Marshmallows und Müsliriegel auf einem großen Schneidebrett verteilen, Fonduegabeln dazureichen und lostunken, solange das Schokofondue heiß ist.

HEISSER TIPP

Für eine Erwachsenenversion des Schokofondues könnt ihr 2 EL dunklen Rum oder Amaretto in die heiße Schokolade rühren.

GEGRILLTER ZITRONENKUCHEN
MIT LIMONCELLOSAHNE UND PISTAZIEN

BARBECUE-GARTEMPERATUR:
starke Hitze

FÜR 6 PERSONEN

Diesen leichten Zitronenkuchen backt ihr zuerst im Ofen und lasst ihn dann (am besten über Nacht) abkühlen und durchziehen. Anschließend wird das perfekte Sommerdessert gegrillt. Dazu aufgeschlagene vegane Crème double mit Limoncellogeschmack und knackige Pistazien servieren.

250 g Weizenmehl
4 TL Backpulver
100 g feinster Zucker
250 ml gesüßte Sojamilch
100 ml Sonnenblumenöl
1 TL Vanilleextrakt von guter Qualität
Abrieb und frisch gepresster Saft von ½ unbehandelten Zitrone
270 g gekühlte vegane Crème double (z. B. Creme Vega)
2 EL Limoncello
2 EL geschälte Pistazien, grob gehackt

Abbildung siehe S. 136–137

1 Den Backofen auf 180 °C vorheizen. Eine rechteckige Backform (20 cm x 30 cm) mit Backpapier auslegen.

2 Mehl, Backpulver und Zucker in einer großen Schüssel mischen. Sojamilch, Sonnenblumenöl, Vanilleextrakt, Zitronenabrieb und -saft in einem Krug verquirlen. Die Zitronenmilch zur Mehlmischung gießen und alles gut vermengen.

3 Den Teig in die Form füllen. 20–25 Minuten backen, bis der Kuchen goldgelb und aufgegangen ist. Aus dem Backofen nehmen und abkühlen lassen, danach in sechs Quadrate schneiden. Über Nacht oder mindestens 6 Stunden ruhen lassen.

4 Zum Servieren die vegane Crème double in eine große Schüssel füllen und den Limoncello unterrühren. Mit dem Handrührgerät oder im Standmixer luftig aufschlagen und beiseitestellen.

5 Die Kuchenquadrate vorsichtig auf den heißen Rost legen. 1 Minute grillen, bis Röststreifen entstehen, dann wenden. Vom Grill nehmen, bevor sich auf dem Kuchen eine goldbraune Kruste bildet.

6 Die gegrillten Kuchenstücke auf Serviertellern anrichten und jeweils mit einem Klecks Limoncellosahne garnieren. Die Pistazien darüberstreuen und heiß servieren.

HEISSER TIPP

Vegane Crème double ist in vielen Supermärkten erhältlich. Sie lässt sich wunderbar aufschlagen und für verschiedenste Desserts und Gerichte verwenden. Falls ihr keine findet, könnt ihr stattdessen 1 Dose Kokosmilch über Nacht kalt stellen und die sich absetzende Kokoscreme aufschlagen.

SCHOKOLADENMOUSSE
MIT RAUCHSALZ

AUS DER KÜCHE

FÜR 4 PERSONEN

Wer die verführerische Schokomousse perfektionieren möchte, verfeinert sie mit 1 Prise Rauchsalz. Dieses intensiviert das Schokoladenaroma und sorgt für ein Knuspererlebnis – 1 Prise ist übrigens wirklich genug. Rauchsalz bekommt ihr in gut sortierten Supermärkten. Es lohnt sich, immer etwas davon vorrätig zu haben, da es auch anderen Gerichten einen Hauch von Rauch verleiht. Die Mousse könnt ihr gut im Voraus zubereiten und gleich draußen servieren.

340 g Seidentofu
100 g Zartbitterschokolade (milchfrei), in Stücke gebrochen
4 EL Ahornsirup
1 TL Vanilleextrakt von guter Qualität
1 Prise geräucherte Meersalzflocken

1 Den Seidentofu im Standmixer auf hoher Stufe per Pulse-Funktion oder mit dem Pürierstab in einer Schüssel glatt pürieren.

2 Die Schokoladenstücke in eine hitzebeständige Schüssel geben und über einem Topf mit köchelndem Wasser erhitzen. Der Schüsselboden darf das Wasser nicht berühren. Gelegentlich umrühren, bis die Schokolade geschmolzen ist, dann die glänzende Flüssigkeit vorsichtig zum Seidentofu gießen.

3 Ahornsirup und Vanilleextrakt zufügen und alles gut vermengen, bis die Mousse seidig und homogen ist.

4 In vier Auflaufförmchen füllen und mindestens 4 Stunden oder über Nacht kalt stellen. Das Rauchsalz kurz vor dem Servieren zwischen den Fingerspitzen zerreiben und auf die Mousse streuen.

HEISSER TIPP

Seidentofu findet ihr in gut sortierten Supermärkten, oft bei den Regalen mit internationalen Speisen und nicht im Kühlregal, wo der feste Tofu liegt. So gelingt euch eine Mousse mit luftig-weicher Konsistenz, wofür sonst die Eier sorgen.

KLEBRIGE FEIGEN MIT KANDIERTEN WALNÜSSEN UND GRANATAPFELKERNEN

BARBECUE-GARTEMPERATUR: mittlere–starke Hitze. Für einen Bereich mit indirekter Hitze einen Teil der Holzkohle zur Seite schieben.

FÜR 4 PERSONEN

Marmeladig-heiße Feigen, mit Ahornsirup kandierte Walnüsse, kalter Joghurt und saftige Granatapfelkerne – als schlichtes Dessert fast unübertroffen. Ein köstlicher Abschluss nach Auberginen mit Tamarinde (siehe S. 30), Olivenfladenbroten (siehe S. 75) und Bulgur-Orangen-Salat mit Pistazien, Granatapfelkernen und Minze (siehe S. 119).

1 EL vegane Butter
1 Prise Zimtpulver
8 reife frische Feigen, längs halbiert
6 EL Ahornsirup
2 EL Walnusskerne
8 EL gekühlter ungesüßter Natur-Sojajoghurt
Kerne von ½ Granatapfel

Abbildungen siehe auch S. 26 und S. 76–77

1 Zwei Stücke Alufolie in passender Größe übereinanderlegen, sodass die Feigen aufrecht stehend gegrillt werden können.

2 Die vegane Butter in einer hitzebeständigen Schüssel in der Mikrowelle oder in einem kleinen Topf auf dem Herd einige Sekunden zerlassen. Den Zimt einrühren.

3 Die Feigenhälften mit der Zimtbutter bestreichen. Jeweils zwei Hälften aufrecht zusammen auf eine Folienlage stellen, sodass sich die Schnittflächen berühren. Die Seiten der Alufolie nach oben schlagen, den Ahornsirup zugießen und die Walnüsse zu den Feigen legen. Die Alufolie oben zusammenklappen und fest zu einem Päckchen verschließen.

4 Das Päckchen auf den Grill in den Bereich mit indirekter Hitze legen. 15 Minuten garen, bis die Feigen sehr weich sind. Dann das Päckchen vorsichtig oben öffnen, sodass der Ahornsirup karamellisiert.

5 Den Joghurt in vier Schüsseln füllen.

6 Das Päckchen vom Grill nehmen. Feigen, Walnüsse und Ahornsirup auf die Schüsseln verteilen. Mit Granatapfelkernen bestreuen und heiß servieren.

HEISSER TIPP

Meist sind Feigen bei indirekter Hitze nach 15 Minuten weich. Aber bei festen oder sehr großen Feigen kann es ein wenig länger dauern. Die Früchte in der Folie leicht mit einer Grillzange zusammendrücken: Sie sollten sehr weich sein und eine marmeladenartige Konsistenz haben, dann sind sie fertig.

HONEYCOMB-TOFFEE

AUS DER KÜCHE

FÜR 4 PERSONEN

Von Honeycomb-Toffee bekomme ich nie genug: Und die Zubereitung ist einfacher, als ihr vielleicht glaubt! Ihr könnt sie 2 Tage im Voraus zubereiten und dann als süße Köstlichkeit nach Geräuchertem Süßkartoffel-Chili mit Schokolade und Zimt (siehe S. 39) servieren, am besten draußen unterm Sternenhimmel.

100 g Zucker
4 EL Zuckerrübensirup (z. B. Goldsaft)
1 ½ TL Backnatron

1 Zucker und Sirup in einem großen Topf auf dem Herd bei hoher Hitze 3–4 Minuten ohne Umrühren erhitzen. Gut im Auge behalten, bis die Mischung zu sprudeln beginnt und die Farbe von Ahornsirup annimmt.

2 Den Topf vom Herd nehmen und das Backnatron einrühren. Die Mischung dabei kräftig mit dem Schneebesen verquirlen.

3 Die schäumende Zuckermasse auf ein flaches Backblech mit Antihaftbeschichtung gießen und 15–20 Minuten abkühlen lassen, bis die Oberfläche glänzend und knusprig ist. In unregelmäßige Stücke und Splitter brechen. In einem trockenen, verschlossenen Behälter ist das Toffee bis zu 2 Tage haltbar.

HEISSER TIPP

Die Honeycomb-Toffee-Stücke könnt ihr euren Gästen auch in hübschen Tütchen überreichen.

TORTILLATASCHEN
MIT HEISSEN ZIMTÄPFELN

BARBECUE-GARTEMPERATUR:
mittlere Hitze

FÜR 4 PERSONEN

Meine Freunde und Familienmitglieder haben diese Tortillataschen liebevoll »Grillpfannkuchen« getauft, weil sie so schön brutzeln: eine dampfend heiße Füllung in buttrigem Teig. So verwandelt ihr simple Tortillas mit heißen Zimtäpfeln, veganer Butter und Zucker in ein herrliches Dessert.

- 1 gehäufter EL vegane Butter
- 4 helle weiche Tortillas
- 2 TL Rohrohrzucker
- 4 grüne Äpfel, geputzt und in feine Spalten geschnitten
- 1 Spritzer Zitronensaft
- ½ TL Zimtpulver
- 4 EL Ahornsirup

1 Die vegane Butter in einer hitzebeständigen Schüssel in der Mikrowelle oder in einem kleinen Topf auf dem Herd einige Sekunden zerlassen.

2 Jeden Tortillafladen von beiden Seiten mit der Butter bestreichen und 1 Prise Zucker darüberstreuen. Die Butter einziehen lassen und inzwischen die Äpfel vorbereiten und grillen.

3 Dazu zwei ausreichend große Stücke Alufolie ausbreiten. Die Apfelspalten in die Mitte einer Folie legen, mit dem Zitronensaft beträufeln und mit dem Zimt bestreuen. Den Ahornsirup darüberträufeln, dann das Päckchen gut verschließen. Fest mit dem zweiten Folienstück umwickeln.

4 Das Alupäckchen auf den heißen Rost legen und 15–20 Minuten grillen, bis die Äpfel weich sind und der Ahornsirup sprudelt.

5 Die Tortillas auf dem Grill von jeder Seite 2–3 Minuten rösten, bis sie gerade goldgelb sind.

6 Das Päckchen vom Grill nehmen und vorsichtig öffnen. 1 Tortillafladen auf einen Teller legen und ein Viertel der heißen Apfelspalten auf eine Seite der Tortilla geben. Die andere Wraphälfte darüberklappen, sodass ein Halbmond entsteht, anschließend halbieren. Mit den übrigen Tortillas ebenso verfahren. Heiß servieren.

HEISSER TIPP

Grüne Granny-Smith-Äpfel zerfallen beim Erhitzen nicht und haben einen unverwechselbaren Geschmack. Aber ihr könnt natürlich auch andere Äpfel verwenden.

HEISSE BALSAMICO-ERDBEEREN

BARBECUE-GARTEMPERATUR:
mittlere Hitze

FÜR 4 PERSONEN

Wer glaubt, dass frische Erdbeeren unübertroffen sind, sollte sie mal in Balsamicoessig marinieren, wodurch sie süßer und röter werden, und sie anschließend zum Karamellisieren auf den Grill legen. Aufgespießt lassen sich die Erdbeeren leichter wenden. Serviert sie mit veganem Vanilleeis oder einem Klecks veganer Schlagsahne.

4 EL Balsamicoessig
1 EL Rohrohrzucker
16 Erdbeeren, entstielt
vegane Vanilleeiscreme zum Servieren

Abbildungen siehe S. 146–147 und S. 130

1 Balsamicoessig und Rohrohrzucker in einer Schüssel verquirlen. Die Erdbeeren zufügen und 10 Minuten durchziehen lassen.

2 Überschüssigen Essig von den Erdbeeren abtropfen lassen. Jeweils 4 Erdbeeren auf vier kurze Metallspieße stecken.

3 Die Spieße auf den heißen Rost legen und unter häufigem Wenden 2–3 Minuten grillen, bis die Erdbeeren heiß sind. Vom Grill nehmen, bevor die Früchte zu weich werden.

4 Die Erdbeeren vom Spieß schieben und mit veganer Eiscreme servieren.

HEISSER TIPP

Ich esse diese Erdbeeren am liebsten heiß, direkt vom Grill. Aber sie schmecken ebenso köstlich, wenn ihr sie erst kalt stellt und später mit einem schlichten Salat kombiniert.

SANGRIA

AUS DER KÜCHE

ERGIBT 1 GROSSEN KRUG

Ein Krug mit dieser klassischen spanischen Bowle zaubert allen ein Lächeln ins Gesicht! Sangria, ein erfrischendes, leichtes Getränk mit Rotwein, schmeckt herrlich zu gegrillten Speisen. Serviert die Sangria zu Rauchiger Paella mit Riesenbohnen und Oliven (siehe S. 36), Barbecue Patatas bravas (siehe S. 86) und Warmen Trauben mit luftigem Schnittlauch-Frischkäse (siehe S. 112).

1 unbehandelte Zitrone, in Scheiben geschnitten
1 unbehandelte Orange, in Scheiben geschnitten
1 Birne, geputzt und in feine Spalten geschnitten
1 Handvoll Erdbeeren, entstielt und halbiert
750 ml leichter Rotwein (vegan)
300 ml gekühlter frisch gepresster Orangensaft
500 ml gekühlte Limonade mit Kohlensäure
Eiswürfel zum Servieren

Abbildung siehe auch S. 88–89

1 Zitronen, Orangen, Birnen und Erdbeeren in einem großen Krug mischen.

2 Rotwein und Orangensaft zugießen. Für ein milderes Aroma mindestens 1 Stunde oder über Nacht ziehen lassen.

3 Die Limonade kurz vor dem Servieren hinzufügen. In großen, mit Eiswürfeln gefüllten Weingläsern servieren.

HEISSER TIPP

Für Sangria nimmt man einen leichten Rotwein wie Pinot noir, Merlot oder Malbec, der tanninarm ist und genug Säure enthält. Nicht alle Weine eignen sich für Veganer, da während des Produktionsprozesses oft tierische Produkte eingesetzt werden, so zum Beispiel Hausenblase (Fischschwimmblase), Gelatine, Kuhmilchproteine und Eiweiß. Viele Supermärkte kennzeichnen inzwischen vegane Weine – werft also einen genauen Blick auf das Etikett.

ENGLISH GARDEN MOCKTAIL

AUS DER KÜCHE

ERGIBT 1 GROSSEN KRUG

Dieser erfrischende Longdrink ohne Alkohol schmeckt auch den Großen und wird eiskalt serviert. Nehmt für diesen Genuss-Mocktail naturtrüben Apfelsaft von guter Qualität. Falls ihr den Drink im Herbst probieren wollt, könnt ihr statt der Holunderblüten eine Zimtstange verwenden und die Limonade durch Gingerale ersetzen.

4 Erdbeeren, halbiert
¼ Gurke, in Scheiben geschnitten
2 Scheiben unbehandelte Zitrone
1 Handvoll frische Minzeblätter, leicht zerdrückt
2 frische Holunderblütendolden
900 ml gekühlter naturtrüber Apfelsaft von guter Qualität
500 ml gekühlte Limonade mit Kohlensäure
Crushed Ice zum Servieren

Abbildung siehe auch S. 110–111

1 Erdbeeren, Gurken- und Zitronenscheiben, Minze und Holunderblüten in einem großen Krug mischen.

2 Zuerst den Apfelsaft, dann die Limonade zugießen und alles verrühren.

3 Den Mocktail in hohen Gläsern mit reichlich Crushed Ice servieren.

HEISSER TIPP

Falls ihr keine frischen Holunderblüten habt, könnt ihr stattdessen 2 TL Holunderblütensirup verwenden.

REGISTER

A
Alufolie 19
Ananas: Karibische Blumenkohl-»Steaks« mit Salsa von Ananas und schwarzen Bohnen 61
Süßsaurer Tofu mit Ananas 34
Antipasti, Marinierte 73
Äpfel: Apfel-Kürbis-Pilz-Spieße mit Thymianöl 59
Salat mit Pekannüssen, Äpfeln und gerösteten Karotten 95
Tortillataschen mit heißen Zimtäpfeln 144
Apfelsaft: English Garden Mocktail 151
Arrabiata-Sauce, No-Meat-Bällchen mit Kräutern in 51
Auberginen: Aubergine mit Tamarinde 30
Cooling-Coals Moussaka 65
Avocados: Gegrillte Guacamole 129
Salsa mit Kiwi und Avocado 109

B
Backkartoffeln mit Salzkruste 82
Backpinsel 19
Baked Beans auf italienische Art 90
Baked Beans mit braunem Zucker 78
Balsamico: Heiße Balsamico-Erdbeeren 145
Knusprige Balsamico-Gnocchi mit Paprika und Tomaten 50
Barbecue Banoffee Pie 132
Barbecue Patatas Bravas 86
Bean Burger mit Erdnussbutter, Chili Jam und Minibrezeln 55
Blätterteig: Blätterteigpastete mit Zwiebel-Salbei-Brät und Ketchup 102
Tarte mit Gartentomaten 92
Blumenkohl: Blumenkohl und Mango in würziger Joghurtmarinade 44
Karibische Blumenkohl-»Steaks« mit Salsa von Ananas und schwarzen Bohnen 61
Bohnen 23
Baked Beans auf italienische Art 90
Baked Beans mit braunem Zucker 78
Bean Burger mit Erdnussbutter, Chili Jam und Minibrezeln 55
Blätterteigpastete mit Zwiebel-Salbei-Brät und Ketchup 102
Geräuchertes Süßkartoffel-Chili mit Schokolade und Zimt 39
Karibische Blumenkohl-»Steaks« mit Salsa von Ananas und schwarzen Bohnen 61
No-Meat-Bällchen mit Kräutern in Arrabbiata-Sauce 51
Pulled-Mango-Tacos mit Bohnen, Radieschen und Koriander 43
Rauchige Paella mit weißen Bohnen und Oliven 36
Salat mit gegrilltem Fenchel, Orange und Dill 113
Brokkoli: Brokkoli, Zucchini, Baby-Maiskölbchen und Zuckerschoten in Sataysauce 35
Gegrillte Wassermelone mit grünem Thai-Curry 67
Klebriger Brokkoli mit Sojasauce, Chili und Sesam 79
Teriyaki-Tofu mit grünem Grillgemüse 33
Brot: Fruchtige Bruschetta 74
Knoblauch-Naan-Brote 94
Olivenfladenbrote 75
Brutzelnde Fajitas mit gerösteter Limette 54
Bulgur-Orangen-Salat mit Pistazien, Granatapfelkernen und Minze 119
Burger und Brötchen: Bean Burger mit Erdnussbutter, Chili Jam und Minibrezeln 55
Gegrillter Katsu-Burger mit Wasabi-Mayo 62
No-Lobster Rolls – falsche Hummerbrötchen 52
Butter (vegan) 22

Buttrige Maiskolben mit Koriander und Limetten 83
Buttriger Hasselback-Kürbis mit Chimichurri 47
Klebrige Feigen mit kandierten Walnüssen und Granatapfelkernen 140
Knoblauch-Naan-Brote 94
Tortillataschen mit heißen Zimtäpfeln 144

C
Cashewnusskerne: Karottensalat mit Koriander und gerösteten Cashewkernen 114
Champignons mit Pizzafüllung und knusprigen Croûtons 58
Chili mit Schokolade und Zimt, Geräuchertes Süßkartoffel-
Chilischoten: Gegrillte Wassermelone mit grünem Thai-Curry 67
Chimichurri, Buttriger Hasselback-Kürbis mit 47
Cooling-Coals Moussaka 65
Curry (Gewürz): Blumenkohl und Mango in würziger Joghurtmarinade 44
Gegrillte Wassermelone mit grünem Thai-Curry 67
Gegrillter Katsu-Burger mit Wasabi-Mayo 62

D
Dips: Gegrillte Guacamole 129
Joghurtdip mit roter Bete und Orange 126
Dukkah 124

E
Edamamebohnen: Gegrillte Wassermelone mit grünem Thai-Curry 67
Knackiger Sesam-Limetten-Salat mit Sojasauce und Edamamebohnen 116
Erdbeeren: English Garden Mocktail 151
Heiße Balsamico-Erdbeeren 145
Sangria 148
Erdnussbutter: Bean Burger mit Erdnussbutter, Chili Jam und Minibrezeln 55
Brokkoli, Zucchini, Baby-Maiskölbchen und Zuckerschoten in Sataysauce 35
Erdnusskerne: Nussiger Reissalat 117

F
Fajitas mit gerösteter Limette, Brutzelnde 54
Fenchel: Dukkah 124
Salat mit gegrilltem Fenchel, Orange und Dill 113
Fleischalternativen 23
Fruchtige Bruschetta 74

G
Gasgrills 13
Gazpacho mit gegrillten Tomaten 70
Gegrillte Guacamole 129
Gegrillte Wassermelone mit grünem Thai-Curry 67
Gegrillte Zucchini mit Zitronen-Dill-Joghurt 97
Gegrillter Katsu-Burger mit Wasabi-Mayo 62
Gegrillter Spargel mit Orange und schwarzem Pfeffer 80
Gegrillter Zitronenkuchen mit Limoncellosahne und Pistazien 135
Gemüse 20
Geräuchertes Süßkartoffel-Chili mit Schokolade und Zimt 39
Getränke: English Garden Mocktail 151
Sangria 148
Gewürze 23
Gnocchi: Knusprige Balsamico-Gnocchi mit Paprika und Tomaten 50
Granatapfelkerne: Aubergine mit Tamarinde 30
Bulgur-Orangen-Salat mit Pistazien, Granatapfelkernen und Minze 119
Klebrige Feigen mit kandierten Walnüssen und Granatapfelkernen 140
Grillanzünder 14
Grillfeuer 15

Grillzange 19
Grillzubehör 19
Guacamole, Gegrillte 129
Gurken: Bulgur-Orangen-Salat mit Pistazien, Granatapfelkernen und Minze 119
English Garden Mocktail 151
Gazpacho mit gegrillten Tomaten 70
Karibische Blumenkohl-»Steaks« mit Salsa von Ananas und schwarzen Bohnen 61
Mayo-Relish mit Essiggürkchen und Kapern 128
Orzo-Salat mit gegrillter Paprika und Oliven 106
Pickle aus gegrillten Minigurken 121
Pulled-Mango-Tacos mit Bohnen, Radieschen und Koriander 43

H
Haselnusskerne: Dukkah 124
Heiße Balsamico-Erdbeeren 145
Holzkohle: Holzkohle-Briketts 14
Holzkohle-Grills 13
Holzkohle-Stücke 14
Honeycomb Toffee 143

J
Jackfrucht: No-Lobster Rolls – falsche Hummerbrötchen 52
Joghurt (vegan) 22
Blumenkohl und Mango in würziger Joghurtmarinade 44
Cooling-Coals Moussaka 65
Gegrillte Zucchini mit Zitronen-Dill-Joghurt 97
Joghurtdip mit roter Bete und Orange 126
Karibische Blumenkohl-»Steaks« mit Salsa von Ananas und schwarzen Bohnen 61
Klebrige Feigen mit kandierten Walnüssen und Granatapfelkernen 140
Pikanter Kartoffelsalat 120

K
Karibische Blumenkohl-»Steaks« mit Salsa von Ananas und schwarzen Bohnen 61
Karotten: Karottensalat mit Koriander und gerösteten Cashewkernen 114
Knackiger Sesam-Limetten-Salat mit Sojasauce und Edamamebohnen 116
Salat mit Pekannüssen, Äpfeln und gerösteten Karotten 95
Kartoffeln: Backkartoffeln mit Salzkruste 82
Barbecue Patatas Bravas 86
Pikanter Kartoffelsalat 120
Käse (vegan) 22
Pizzas vom Pizzastein 49
Quesadillas mit gegrilltem Käse und Pico de Gallo 38
Warme Trauben mit luftigem Schnittlauch-Frischkäse 112
Katsu-Burger mit Wasabi-Mayo, Gegrillter 62
Klebrige Feigen mit kandierten Walnüssen und Granatapfelkernen 140
Klebriger Brokkoli mit Sojasauce, Chili und Sesam 79
Kokosmilch: Barbecue Banoffee Pie 132
Gegrillte Wassermelone mit grünem Thai-Curry 67
Gegrillter Katsu-Burger mit Wasabi-Mayo 62
Knackiger Sesam-Limetten-Salat mit Sojasauce und Edamamebohnen 116
Knoblauch-Naan-Brote 94
Knusprige Balsamico-Gnocchi mit Paprika und Tomaten 50
Kräuter 20
Kuchen: Gegrillter Zitronenkuchen mit Limoncellosahne und Pistazien 135
Kürbis: Apfel-Kürbis-Pilz-Spieße mit Thymianöl 59
Buttriger Hasselback-Kürbis mit Chimichurri 47

L
Limetten: Brutzelnde Fajitas mit gerösteter Limette 54
Knackiger Sesam-Limetten-Salat mit Sojasauce und Edamamebohnen 116
Linsen: Cooling-Coals Moussaka 65

M
Mais: Brokkoli, Zucchini, Baby-Maiskölbchen und Zuckerschoten in Sataysauce 35
Buttrige Maiskolben mit Koriander und Limetten 83
Gegrillte Wassermelone mit grünem Thai-Curry 67
Mandeln: Dukkah 124
Pilaw mit gerösteten Mandelblättchen und Orange 85

Mangos: Blumenkohl und Mango in würziger Joghurtmarinade 44
Pulled-Mango-Tacos mit Bohnen, Radieschen und Koriander 43
Marinierte Antipasti 73
Mayonnaise 22
Gegrillter Katsu-Burger mit Wasabi-Mayo 62
Mayo-Relish mit Essiggürkchen und Kapern 128
Mediterrane Würste 48
Melone: Gegrillte Wassermelone mit grünem Thai-Curry 67
Menüs 24
Milch (pflanzlich) 22
Mocktail, English Garden 151
Moussaka, Cooling-Coals 65

N
No-Lobster Rolls – falsche Hummerbrötchen 52
No-Meat-Bällchen mit Kräutern in Arrabbiata-Sauce 51
Nussiger Reissalat 117

O
Obst 20
Öl 23
Oliven: Champignons mit Pizzafüllung und knusprigen Croûtons 58
Olivenfladenbrote 75
Orzo-Salat mit gegrillter Paprika und Oliven 106
Ratatouille im Alupäckchen 91
Rauchige Paella mit weißen Bohnen und Oliven 36
Salat mit gegrilltem Fenchel, Orange und Dill 113
Orangen: Bulgur-Orangen-Salat mit Pistazien, Granatapfelkernen und Minze 119
Gegrillter Spargel mit Orange und schwarzem Pfeffer 80
Joghurtdip mit roter Bete und Orange 126
Pilaw mit gerösteten Mandelblättchen und Orange 85
Salat mit gegrilltem Fenchel, Orange und Dill 113
Sangria 148
Orzo-Salat mit gegrillter Paprika und Oliven 106

P
Paella mit weißen Bohnen und Oliven, Rauchige 36
Paprika: Brutzelnde Fajitas mit gerösteter Limette 54
Champignons mit Pizzafüllung und knusprigen Croûtons 58
Geräuchertes Süßkartoffel-Chili mit Schokolade und Zimt 39
Knackiger Sesam-Limetten-Salat mit Sojasauce und Edamamebohnen 116
Knusprige Balsamico-Gnocchi mit Paprika und Tomaten 50
Marinierte Antipasti 73
Mediterrane Würste 48
Orzo-Salat mit gegrillter Paprika und Oliven 106
Pimientos de padrón mit Salz und Essig 87
Pulled-Mango-Tacos mit Bohnen, Radieschen und Koriander 43
Ratatouille im Alupäckchen 91
Rauchige Paella mit weißen Bohnen und Oliven 36
Patatas Bravas, Barbecue 86
Pekannusskerne: Salat mit Pekannüssen, Äpfeln und gerösteten Karotten 95
Pfanne für den Grill, Hitzebeständige 19
Pickle aus gegrillten Minigurken 121
Pickles in Pink 125
Pikanter Kartoffelsalat 120
Pilaw mit gerösteten Mandelblättchen und Orange 85
Pilze: Apfel-Kürbis-Pilz-Spieße mit Thymianöl 59
Brutzelnde Fajitas mit gerösteter Limette 54
Champignons mit Pizzafüllung und knusprigen Croûtons 58
Mediterrane Würste 48
Pilzwürste »Masala« 64
Pimientos de padrón mit Salz und Essig 87
Pistazien: Bulgur-Orangen-Salat mit Pistazien, Granatapfelkernen und Minze 119
Gegrillter Zitronenkuchen mit Limoncellosahne und Pistazien 135
Pizzas vom Pizzastein 49
Pizzastein 19
Pulled-Mango-Tacos mit Bohnen, Radieschen und Koriander 43

Q
Quesadillas mit gegrilltem Käse und Pico de Gallo 38

R
Radieschen: No-Lobster Rolls – falsche Hummerbrötchen 52
Pickles in Pink 125
Pulled-Mango-Tacos mit Bohnen, Radieschen und Koriander 43
Salsa mit Kiwi und Avocado 109
Ratatouille im Alupäckchen 91
Rauchige Paella mit weißen Bohnen und Oliven 36
Reis: Nussiger Reissalat 117
Pilaw mit gerösteten Mandelblättchen und Orange 85
Rauchige Paella mit weißen Bohnen und Oliven 36

S
Sahne (vegan) 22
Gegrillter Zitronenkuchen mit Limoncellosahne und Pistazien 135
Schokofondue 134
Salate: Bulgur-Orangen-Salat mit Pistazien, Granatapfelkernen und Minze 119
Karottensalat mit Koriander und gerösteten Cashewkernen 114
Knackiger Sesam-Limetten-Salat mit Sojasauce und Edamamebohnen 116
Nussiger Reissalat 117
Orzo-Salat mit gegrillter Paprika und Oliven 106
Pikanter Kartoffelsalat 120
Salat mit gegrilltem Fenchel, Orange und Dill 113
Salat mit Pekannüssen, Äpfeln und gerösteten Karotten 95
Salsa mit Kiwi und Avocado 109
Sangria 148
Sataysauce, Brokkoli, Zucchini, Baby-Maiskölbchen und Zuckerschoten in 35
Schokolade: Barbecue Banoffee Pie 132
Geräuchertes Süßkartoffel-Chili mit Schokolade und Zimt 39
Schokofondue 134
Schokoladenmousse mit Rauchsalz 139
Sesamsamen: Klebriger Brokkoli mit Sojasauce, Chili und Sesam 79
Knackiger Sesam-Limetten-Salat mit Sojasauce und Edamamebohnen 116
Teriyaki-Tofu mit grünem Grillgemüse 33
Spargel: Gegrillte Wassermelone mit grünem Thai-Curry 67
Gegrillter Spargel mit Orange und schwarzem Pfeffer 80
Spieße 19
Süßkartoffel-Chili mit Schokolade und Zimt, Geräuchertes 39
Süßkartoffel-Wedges mit Jerk-Gewürzmischung 103
Süßsaurer Tofu mit Ananas 34

T
Tacos siehe Tortilla-Wraps
Tamarinde: Aubergine mit Tamarinde 30
Tarte mit Gartentomaten 92
Temperaturen 16
Tofu 20
Gegrillter Katsu-Burger mit Wasabi-Mayo 62
Schokoladenmousse mit Rauchsalz 139
Süßsaurer Tofu mit Ananas 34
Teriyaki-Tofu mit grünem Grillgemüse 33
Tomaten: Bean Burger mit Erdnussbutter, Chili Jam und Minibrezeln 55
Champignons mit Pizzafüllung und knusprigen Croûtons 58
Cooling-Coals Moussaka 65
Fruchtige Bruschetta 74
Gazpacho mit gegrillten Tomaten 70
Gegrillte Guacamole 129
Geräuchertes Süßkartoffel-Chili mit Schokolade und Zimt 39
Knusprige Balsamico-Gnocchi mit Paprika und Tomaten 50
Marinierte Antipasti 73
Mediterrane Würste 48
Pizzas vom Pizzastein 49
Quesadillas mit gegrilltem Käse und Pico de Gallo 38
Ratatouille im Alupäckchen 91
Tarte mit Gartentomaten 92
Tortilla-Wraps: Brutzelnde Fajitas mit gerösteter Limette 54
Pulled-Mango-Tacos mit Bohnen, Radieschen und Koriander 43

Quesadillas mit gegrilltem Käse und Pico de Gallo 38
Tortillataschen mit heißen Zimtäpfeln 144
Trauben mit luftigem Schnittlauch-Frischkäse, Warme 112

W
Walnusskerne: Klebrige Feigen mit kandierten Walnüssen und Granatapfelkernen 140
No-Meat-Bällchen mit Kräutern in Arrabbiata-Sauce 51
Warme Trauben mit luftigem Schnittlauch-Frischkäse 112
Wassermelone mit grünem Thai-Curry, Gegrillte 67
Wein: Sangria 148
Wurst (vegan): Mediterrane Würste 48
Pilzwürste »Masala« 64

Z
Zitronen: English Garden Mocktail 151
Gegrillte Zucchini mit Zitronen-Dill-Joghurt 97
Gegrillter Zitronenkuchen mit Limoncellosahne und Pistazien 135
No-Lobster Rolls – falsche Hummerbrötchen 52
Rauchige Paella mit weißen Bohnen und Oliven 36
Sangria 148
Zucchini: Brokkoli, Zucchini, Baby-Maiskölbchen und Zuckerschoten in Sataysauce 35
Gegrillte Zucchini mit Zitronen-Dill-Joghurt 97
Marinierte Antipasti 73
Ratatouille im Alupäckchen 91
Rauchige Paella mit weißen Bohnen und Oliven 36
Zuckerschoten: Brokkoli, Zucchini, Baby-Maiskölbchen und Zuckerschoten in Sataysauce 35
Gegrillte Wassermelone mit grünem Thai-Curry 67
Teriyaki-Tofu mit grünem Grillgemüse 33
Zwiebelringe mit Bonbonstreifen 98

Hinweise

Löffelmaßangaben: Falls nicht anders angeführt, sind stets gestrichene Löffel gemeint. EL und TL sind Abkürzungen für Esslöffel und Teelöffel.

Backofen: Der Ofen sollte stets auf die angegebene Temperatur vorgeheizt werden. Die angegebenen Temperaturen gelten für konventionelle Backöfen mit Ober-/Unterhitze. Beim Backen und Garen mit Umluft muss die Temperatur jeweils um etwa 20 °C reduziert werden. Es wird empfohlen, die Backbleche stets mit Backpapier zu belegen.

Zitrusfrüchte: Bei der Verwendung ihrer Schalen auf unbehandelte Bio-Früchte zurückgreifen und diese zuvor heiß waschen. Zitrussaft sollte immer frisch gepresst sein.

Obst und Gemüse vor der Verarbeitung immer waschen, putzen oder bei Bedarf schälen.

DANKSAGUNG

Vegan vom Grill durfte ich während des herrlich warmen britischen Sommers 2021 schreiben. Ich verbrachte jeden Tag draußen, wo ich Gerichtideen entwickelte und ausprobierte. Nur selten kann ich als Food-Autorin die Rezepte während der Saison erstellen, für die sie gedacht sind, da diese Arbeit oft Monate zuvor anfällt. Deshalb hat es besonders viel Spaß gemacht, dieses Buch im Sonnenschein zu kreieren.

Als Allererstes möchte ich mich beim Redaktionsteam von Quadrille bedanken. Tausend Dank an meine Redakteurin und Lektorin Harriet Webster, die an mein Projekt geglaubt und sich für jedes Detail interessiert hat. Vielen Dank an Verlagsleiterin Sarah Lavelle, die von Anfang an so viel ermöglicht hat. Besonderer Dank geht an Clare Sayer für die Unterstützung in der Redaktion.

Ein großes Dankeschön an die Designerin Emily Lapworth. Ich würde sagen, das ist mein bisheriges Lieblingslayout.

Für die herrlichen Fotos und das tolle Styling ein riesiges Dankeschön an den Fotografen Luke Albert, die Food-Stylistin Tamara Vos und ihre Assistentin Charlotte Whatcott sowie an die Requisiten-Stylistin Louie Waller. Es war toll, wieder mit euch (persönlich!) zusammenzuarbeiten, ob an der herrlichen Küste von Kent oder in Südlondon. Schöner hätte ich mir die Fotos nicht erträumen können.

Herzlichen Dank an Rebecca Smedley für das Marketing. Danke auch an Laura Eldridge für ihre Expertise und ihre Ratschläge.

Meiner wunderbaren Literaturagentin Victoria Hobbs und dem hart arbeitenden Team von A. M. Heath bin ich unglaublich dankbar. Danke für die Gespräche, das Lachen, die Ideen und die ehrlichen Rückmeldungen. Ich kann das nächste Mal kaum erwarten!

Ich danke meinen tollen Freundinnen und Freunden Mary-Anne, Charlotte, Louise, Amelia, Emma, Amy, Katie, Neil und Robert. Eure Textnachrichten, Anrufe, Kaffeepausen und eure Unterstützung schätze ich sehr. Und ich schulde euch ein baldiges Barbecue auf meinem Balkon.

Ein liebevolles Dankeschön an meine wunderbaren Eltern: Mum und Dad stürzten sich diesen Sommer ins Grillabenteuer und probierten täglich mittags (und abends) all die Gerichte, die es in dieses Buch geschafft haben (oder auch nicht). Danke euch fürs Grillreinigen und Abspülen, wenn ich hinterher alles notieren musste. Ein weiteres Dankeschön an meine unvergleichliche Schwester Carolyne und meinen Schwager Mark für eure Unterstützung. Ein besonderer Dank geht an meine Auntie May, die mich stets ermutigt hat. Wie immer bedanke ich mich bei meinen schlauen Zwillingsnichten Tamzin und Tara, die mein Leben zum Leuchten bringen. Und auch das jüngste Familienmitglied, das Hauskaninchen Pandi, das jeden Tag mit Glück und Freude erfüllt, darf nicht vergessen werden.